ちくま新書

近世史講義

——女性の力を問いなおす

高埜利彦 編
Takano Toshihiko

1469

近世史講義——女性の力を問いなおす【目次】

はじめに

高埜利彦

江戸城の大奥女性を題材にした、映画やテレビドラマの映像は、これまで社会に広く浸透してきた。そのため近世（主に江戸時代）の女性に思いを馳せようとするとき、多くの人には江戸城大奥の虚像が立ちはだかり妨げになる。実は多様な女性たちが、近世の各層にも生きていたのである。全国の村々の百姓家で、朝から晩まで働き詰めの女性や、江戸・大坂などの裏長屋の女性たちはどんな暮らしを送っていたのか。近世に生きた女性たちの実像とは、どのようなものであったのだろうか、その問いから出発することが意味を持つ。

どの時代にも女性が存在してきたことは自明のことでありながら、近世の女性の姿を直ちに思い描くことは容易ではない。本書では、江戸城や大名家の奥向きの女性が将軍家や大名家で重要な役割を果たしてきたことを描く。また、京都の朝廷の天皇家や公家の女性にはどのような人たちが存在していたのか、その実態を探る。近世の人口のおよそ八割を占める村落の百姓家に居住する女性の権利や処遇はいかなるものであったのか。「鎖国」下で唯一オランダ人や中国人と交流のあった長崎の遊女たちの生き方とは。これに対して江戸吉原の遊女がどのように近代を迎えたのか。民間宗教者で祈禱を行なう巫女《みこ》は、山伏などの宗教者とどのような関わりを持って生きていたのだろうか。ロシアの接近以後「和人」への同化政策を受けたアイヌの女性たちにも思いを馳せる。

「相撲の土俵上には女性を上げない」という、女人禁制の考え方が、今なお生き続けていることには驚かされた。江戸時代の女性たちの置かれた立場は、女人禁制のような差別を受けた面はあったが、それがすべてというほど単純なものではなく、多様な存在が、それぞれに備わった個性を持ち、置かれた状況の下で、力強く存在意義を発揮してきた。たとえば幕末には、女人禁制の富士山に不二道の女性たちが集団で登拝したように、タブーを打ち破る行動に出、時代をかえてきた。女性がどのように存在していたのかを知り、あわせて女性の力を問い直すことから、改めて近世史像を作り直していただきたい。

本書は、古代史・中世史・近現代史と連続する近世史の「講義」を担うことから、第1・2・6・10講では政治史を骨格にした通史を叙述している。通史で描く時代状況の中に女性の存在を位置づけていただければ幸いである。近世は意外なほど現在の身近に存在する。多様な女性の存在によって近世社会が形成されていることを知り、現在そして未来に向けて、女性の存在意義と役割とを自覚する素材に本書がなることを希望している。

第1講

織豊政権と近世の始まり

牧原成征

†東アジアのなかの日本近世

日本史上の「近世」とはどのような時代だろうか。いつからが近世なのだろうか。歴史学界では古代・中世・近世・近代（近現代）という時代区分が定着しており、江戸時代と、その政治・社会の体制（いわゆる幕藩体制）が形成された織田信長・豊臣秀吉の時代（織豊《しょくほう》政権期）をあわせて「近世」とよんでいる。では彼らはどのような新しい時代を切り拓いたのだろうか。本講ではこれを女性の役割や社会的位置にも留意しつつ考えてみよう。

ところで、信長・秀吉による「天下統一」に国際的な契機が深く関わっていたことは古くから指摘されている。最もわかりやすいのが、ヨーロッパ人の来航と鉄砲・キリスト教の伝来である。ただし学界ではもう長く、ヨーロッパ人と日本との関係を、東アジアの国際（経済・文化）交流のなかで捉える研究が進んできている。

鉄砲伝来に際して種子島《たねがしま》に漂着したのはポルトガル人の船ではなく中国人密貿易商人の船だった。一五四九年（天文十八）、イエズス会の宣教師ザビエルが日本に来たのも、マラッカで日本人アンジロウ（ヤジロウ）に出会ったからであり、彼の案内で、ジャンクとよばれる中国式の船で鹿児島に来たのである。

十六世紀半ば、石見銀山では朝鮮から灰吹法《はいふき》という技術が伝来して、銀が大増産されていた。一方で中国の明朝は税の銀納化を進めていたので、日本から中国大陸へ銀が大量に流入した。ただ、明は民間の貿易を認めない海禁政策をとっていたので、それを担ったのは中国人密貿易商人だった。彼らは生糸《きいと》など中国の高価な物産を持ってきて、日本の銀と交易した。そしてその交易に新しくポルトガル人が参入したのであり、やがて中国の南部マカオから九州、とくに長崎に向かう貿易航路を開くようになった。

ポルトガル人にとって貿易と布教とは一体だったので、西国の大名のなかには、あるいは貿易の利潤を求めてキリスト教に入信する者も現れた。戦国乱世にあって、キリスト教の新鮮な教義、宣教師が伝える新しい世界観や文物、天文学や医学の知見等に魅せられる者も多く、キリシタンは急速に増えていった。一方の鉄砲も和泉の堺や近江の国友《くにとも》村などで盛んに製造され、各地の戦国大名の間にまたたく間に広まった。そして地域権力の統合が急速に進むことになる。

こうしてアジアの経済交流が活発になり、極東にある日本にもヨーロッパの新しい技術や価値観が入ってきた。それらが日本列島、とりわけ西日本の社会を大きく揺さぶった。そして為政者たちには、それにどう対応するかが問われる時代がやってきた。

†織田政権

ザビエルが二年余りの布教の後に日本を離れてまもなく、尾張守護代の重臣の家を相続したのが織田信長である。信長は長らく、初めて全国統一に乗り出した革新的な天下人とみなされてきた。鉄砲の導入やキリスト教の保護のほか、検地（指出《さしだし》）や城破《しろわ》り、楽市・楽座、関所の廃止、都市あるいは鉱山・貿易の掌握、家臣団の城下集住などを進め、「先見の明」があったとされることもあった。しかし今日の学界では、信長の政策は総じて他の戦国大名とそれほど変わらないとされることが多い。

信長が尾張から美濃へ進出した後に「天下布武《てんかふぶ》」の印章を用い始めたこともよく知られているが、この場合の「天下」は当時、将軍の支配が及んだ畿内の政治秩序を指したらしい。だとすれば「天下布武」も全国統一のスローガンではなく、都やその周辺における室町将軍の支配を再興するという意味になる（神田千里『織田信長』ちくま新書、二〇一四）。やがて信長は足利義昭を京都から追放したが、将軍が都を追われることはそれ以前にもあり、義昭は信長死後まで将軍職にとどまった。

安土城下には有名な楽市令（楽市楽座令）を出しているが、楽市令も六角氏や今川氏がすでに出しており、信長の独創ではない。そもそも民政に関する文書をあまり発給していない。戦争にあけくれるだけで、新しい統治の仕組みを築いたとは言いにくい。

ただ、以下で述べるように、日本列島の歴史を大きくみた場合、豊臣政権が画期となったことは否定しがたい。その豊臣政権は織田政権を母体として生まれたもので、両者は切り離して論じられない。その意味で「信長の時代はまだ中世だった」というべきだろうが、やはり「近世は信長から始まった」のである。

また、イエズス会の宣教師フロイスは、信長を他の大名から際立った専制君主として描いている。「征服した国々をなおいっそう確保するため、諸国の重立《おもだ》った領主たちを妻子ともども同地（安土城下）に住まわせ、豪華な邸を建てさせた」とも述べている（イエズス会日本報告集、一五八二年度日本年報追信）。実際にはそこまでは徹底しなかったとみられるが、本拠地を清洲→小牧山→岐阜→安土と、領国の拡大にともなって京都に近づけて移転し、馬廻《うままわ》りや弓衆《ゆみしゆう》など直臣《じきしん》団を妻子ともども安土に集住させたのは事実である。

比叡山の焼き討ちや大坂本願寺・一向一揆との壮絶な戦いも他の戦国大名に類例をみな

い。比叡山は中世に大きな権力と権威をもった仏教勢力の総本山である。また中世の一揆は、共通する目的のために結集した集団を意味し、領主・民衆あるいは僧俗を問わない普遍的な結合の原理であったが、『信長公記《しんちょうこうき》』では一揆を、統制の徹底した信長家臣団に対して、しかるべき大将のいない群衆・徒党だったので蹴散らしたというような文脈で語っている。信長を中世社会に幕を引いた人物とするのも一理ある見方である。

とくに当時、都にも武名が轟《とどろ》いていた甲斐の武田氏を滅ぼした後は、東日本の大名が軒並み信長に従う姿勢をみせ、天下人としての地位・名声を高めた。彼自身は朝廷の官位に関心が薄かったが、朝廷の方が彼をなんとか取り込んで将軍に推任しようとしていたとみられている（金子拓『織田信長〈天下人〉の実像』講談社現代新書、二〇一四）。

†豊臣政権の大名統制

羽柴（のち豊臣）秀吉は、本能寺に信長が斃《たお》れたとき、その重臣の一人にすぎなかった。以後、主君の仇《かたき》・明智光秀を破り、織田家重臣・柴田勝家を滅ぼし、信長の次男信雄《のぶかつ》と戦って降伏させ、信長の後継者としての実力を確立した。信雄との対戦中に朝廷の官位に叙任されると、早くも半年後には公卿《くぎょう》にまで列し、官位の上でも主筋《しゅうすじ》に当たる信雄の上に立った。さらに関白職をめぐる摂家《せっけ》間の争いが起きたのに介入して一五八五年（天正十三）、関白に任官した。こうして朝臣の最高位に自らを位置づけ、臣下を朝廷の官位につけていき、官位と結びついた大名の家格の秩序を新しく創り上げたことが明らかにされている。

また秀吉は、いまだ服属していない大名に対しても、天皇の意志だと称して停戦と服属を要求するようになる。かつて藤木久志はこうした停戦命令を「惣無事令《そうぶじ》」とよんで、村への喧嘩《けんか》停止令《ちょうじ》、百姓への刀狩令、海民への海賊停止令とあわせて「豊臣平和令」として包括的に位置づけた（『豊臣平和令と戦国社会』東京大学出版会、一九八五）。しかし近年ではさまざまな角度から批判が相次いでいる。

藤木のいう惣無事令と喧嘩停止令は法令として出されたものではなく、豊臣政権によって職権的な広域平和令、自力救済の惨禍を止揚《しよう》する体系的な平和令が出されたと想定するコンセプトには無理があった。ただし大局的には当該期を境に、諸集団・諸勢力による実力行使が否定されていったことは確かである。現在では、具体的な政治過程のなかで豊臣政権がどのように確立し、どう大名・領主を服属させ、列島諸地域を統合していったのかがあらためて問われているとも言える。ここでは人質政策に即してみてみよう。

戦国大名が領国の併合を進めた戦国時代末期には、国中の国人の人質を拠点城郭の下に集めて統制する方策がすでにとられていたようだ。秀吉は九州を平定すると肥後を佐々成《さっさなり》政《まさ》に与えるが、主要な国人は妻子とともに大坂へ連行し、他の国人は妻子を人質として熊本に置くように命じた。国人の反抗への危惧は現実のものとなり、まもなく肥後では一揆がおき、佐々は更迭され、新しく加藤清正・小西行長が大名として送り込まれる。

しかし、大名の妻子や重臣を人質として中央に、大名家臣の妻子を大名の城下に集めることは、この後の大名統制の基本となる。一五八九年九月に秀吉は諸大名に妻を伴って在京するよう命じ、聚楽第《じゅらくてい》の廻りに諸大名が屋敷を建設した。人質となった妻子を管理したのは、秀吉の留守を預かった妻ねねであった(田端泰子『北政所《きたのまんどころ》おね』ミネルヴァ書房、二〇〇七)。後に聚楽第は後継者とした秀次に譲るが、直臣団も大坂もしくは伏見に集住させた。諸大名も京都・伏見・大坂の城下へ居館をおいて、国許《くにもと》の居城との間を行き来することになる。これは参勤交代の制度として江戸幕府に引き継がれることになる。

諸大名の妻子は、朝鮮出兵を経て、関ヶ原の戦い前後まで人質として大坂に住まわされていた。そのうち島津義弘・忠恒《ただつね》の妻は、戦後、家臣が奔走して大坂城から何とか「御質手形」をとり、大坂を出ることができた(「旧記雑録後編」巻五十〜五十二)。江戸時代になると、江戸から出る女は関所で厳しい取締りをうけ、幕府の留守居《るすい》が発行する女手形を持参しなければならなかった。この制度の淵源《えんげん》は豊臣政権期にあるともいえよう。

こうして近世の武家女性は、豊臣・徳川の武威による「平和」の下で、人質として、形式的には「囚われの身」となったともいえる。一方で男性の武士も、武器を持っていても武力を行使することはできない、ジレンマを抱えた存在となる（高木昭作『日本近世国家史の研究』岩波書店、一九九〇）。

†検地と刀狩り

戦国大名も家臣団を編成するため、あるいは新たに征服地を増やした際などに、知行《ちぎょう》改め、つまりは何らかの検地を行っていたが、秀吉の場合はそのやり方に特徴があった。村を単位に、田畠・屋敷一区画ごとに段《たん》（反）・畝《せ》・歩《ぶ》で面積を計測し、石高《こくだか》を算定して、一人の年貢納入責任者（基本的に耕作者）を無名字で登録した。それらを記載した検地帳を村に交付するか写させ、村の責任で年貢を納めさせようとしたのである。これは、根拠地とした近江などにおける村の自治や小百姓の成長をふまえた方策である。

こうした秀吉の検地は太閤《たいこう》検地とよばれるが、秀吉の奉行人が直轄で全国一律に行ったわけではない。服属した大名が独自の方法で行うケースもあり、そこに秀吉の奉行人が関与することもあった。そのため服属大名の領国でどの程度、典型的な太閤検地方式の検地や村請制《むらうけせい》が行われたかは個別に検討してみる必要がある。同じようなことは刀狩りにも言え、それがどの程度、徹底して行われたか、領国ごとに偏差が大きかった。

それはともかく、太閤検地では一反をそれまでの三六〇歩から三〇〇歩に改め面積把握を徹底した上に、領主は、地主が取っていた部分を含め、作人から高額・高率の年貢を取るようになった。土豪など在地の有力者は、そうした年貢を取る側の領主になるか、取られる側の百姓になるか、大きな分かれ目に直面した。土豪家の女性や寺庵などの財産権（地主権）も大きく損なわれた。

また村人の家族のうち当主が名請人《なうけにん》として登録され、彼らこそが村を構成・運営する百姓とされた。小百姓の夫婦は協力して働く必要があり、比較的対等に近い関係にあったとみられるが、領主側は武力の補助や労働力となる男性当主がいるかどうかを重視し、村運営においても「女《め》（妻）・子ども」は排除された。近江の今堀村《いまほり》は、朝鮮出兵期の家数の書上げに際して、不自然に多くの百姓が後家《ごけ》であると書き上げている。無力な寡婦を多く偽装して申告し、徴発を免れようと村が抵抗したことを示す。

一方で、同じ近江の箕浦村《みのうら》では、戦国時代には土豪の井戸村氏が多くの土地を所有していたが、太閤検地では、土豪の土地を耕作する被官（家来）の小農民が名請けされた。被官の一家が後に後家の代になって、土地を取り戻そうとする主家に対して、検地で名請けしたことを根拠に抵抗した事実が知られている。

また刀は百姓まで含め男子が一人前である証であり（藤木久志『刀狩り』岩波新書、二〇〇五）、とりわけ土豪層においては、それを剝奪されたことの象徴的な意味は大きかった。

たとえば中世では盗みは重罪で、多少の物を盗んだだけでも「父は実の子を、また夫は妻を全く無慈悲に殺してしまう。というのも当地では各人は己の家の主人であり、扶養している者を殺すことができるからである」(イエズス会日本報告集)。こうした成敗権に及ぶような、家の主人権もこの後、急速に消滅してゆくことになる。

土豪層の地位が大きく制限され、小百姓の「家」が成り立つ時代になり、多くの女性もその構成員としての位置を占めるようになったが、その小家族の中では男性当主のみが、百姓の公的な団体である村の運営に参加できる立場に立った。ただ、女も男もすべてが百姓の「家」の一員となったわけではない。彼/彼女たちが個人として生業を立てられる場はあったのだろうか。それを考えるには都市の社会を覗いてみる必要があるが、その前に秀吉の外交政策をみておこう。

†絡み合う外交と内政

もともと秀吉は、信長と同じくキリスト教の布教に好意的だった。しかし九州を平定すると、キリシタン勢力の大きさを目の当たりにした。とくにキリシタン大名が領民を改宗させていることを警戒し、一五八七年六月に筑前箱崎(福岡市)でバテレン(宣教師)追放令を出した。この時、国外へ日本人が売られていることも問題視し、国内とあわせて人身売買の禁止を打ち出した。ただし貿易船はむしろ歓迎したので、バテレン追放は名ばかりとなった。

まもなく秀吉は長崎を直轄し、ポルトガル船が来航すると小西立佐《りゅうさ》に銀二千貫以上を持たせて派遣し、大量の生糸を優先的に買い占めさせ、その後も同様の措置を講じた。政権が買い上げた糸の一部は、北政所ねねのものとなり、京都の町人に売りつけられていたことも知られる。こうして江戸幕府の禁教政策と貿易統制につながる第一歩が刻まれた。

大陸侵攻の目的もイベリア勢力の進出と関わっていたという見方がある。秀吉は朝鮮出兵と前後して、スペインのフィリピン総督やポルトガルのインド副王へも明征服の意志等を表した国書を送っている。そのため近年、イベリア勢力の世界征服事業を強く意識し、それに対抗すべくアジア征服、朝鮮出兵に乗り出したとする見解も出されている（平川新『戦国日本と大航海時代』中公新書、二〇一八）。ただし両者が連関していたことを直接的に示す史料はあげられていない。

イエズス会宣教師の報告書では実は信長にも大陸侵攻の意志があったとされ、秀吉もそれを引き継いだとも考えられている。早くも一五八五年九月、加藤光泰を処分した際に「加藤にすれば秀吉が日本はもちろん唐国までも支配しているという気持ちなのだろうか。知行地は相応に与えるべきところ、蔵入地《くらいり》にも給人《きゅうにん》をつけたいというのは無理な言い分だ」と述べ、ただし国や城を任せた臣下をすぐに更迭して「頼《たのみ》すくなき」と思われないよう、他の臣下らに事情を説明している。頼もしい主君であるには臣下に気前よく所領や城を与えることが必要だった。あえて唐国までもという話を持ち出しており、そうしてみせたいという欲望を表明したとも言えよう。宣教師の見立てでは、名声を海外に轟かせ歴史に残そうとしたとされる。

そして一五八七年に九州を平定すると、対馬の宗氏《そうし》を通して朝鮮国王に服属と入貢《にゆうこう》を要求した。一五九〇年、小田原の北条氏を滅ぼし全国を統一すると、朝鮮がそれを祝う名目で使節を派遣してきた。秀吉はそれを引見し明征服の先導を要求する一方、戦争準備を進めた。翌年には諸国の大名から御前帳《ごぜん》と郡図を徴《ちよう》して軍役を賦課する基準となる石高を掌握した。太閤検地が進む一つの画期となる。武士の従者である奉公人が出奔するのを禁じて町や村の責任で改めさせる法令も出し、肥前名護屋に築城する。

対馬の宗氏らは明出兵の道を借りるだけだと朝鮮と交渉したが拒否され、侵略戦争に突入する（文禄の役、壬辰倭乱《イムジンウエラン》）。西国にはアジアとの交隣を重んじてきた大名が多かったが、独善的で強硬な秀吉の外交に巻き込まれていった。秀吉は、漢城（現ソウル）を陥落させたという報せをうけると、後陽成《ごようぜい》天皇を北京に移し大唐《だいとう》の関白を秀次に譲る、自分は寧波《ニンポー》に移り天竺《てんじく》（インド）まで攻略するという世界征服構想を、秀次とねねとに書き送ってい

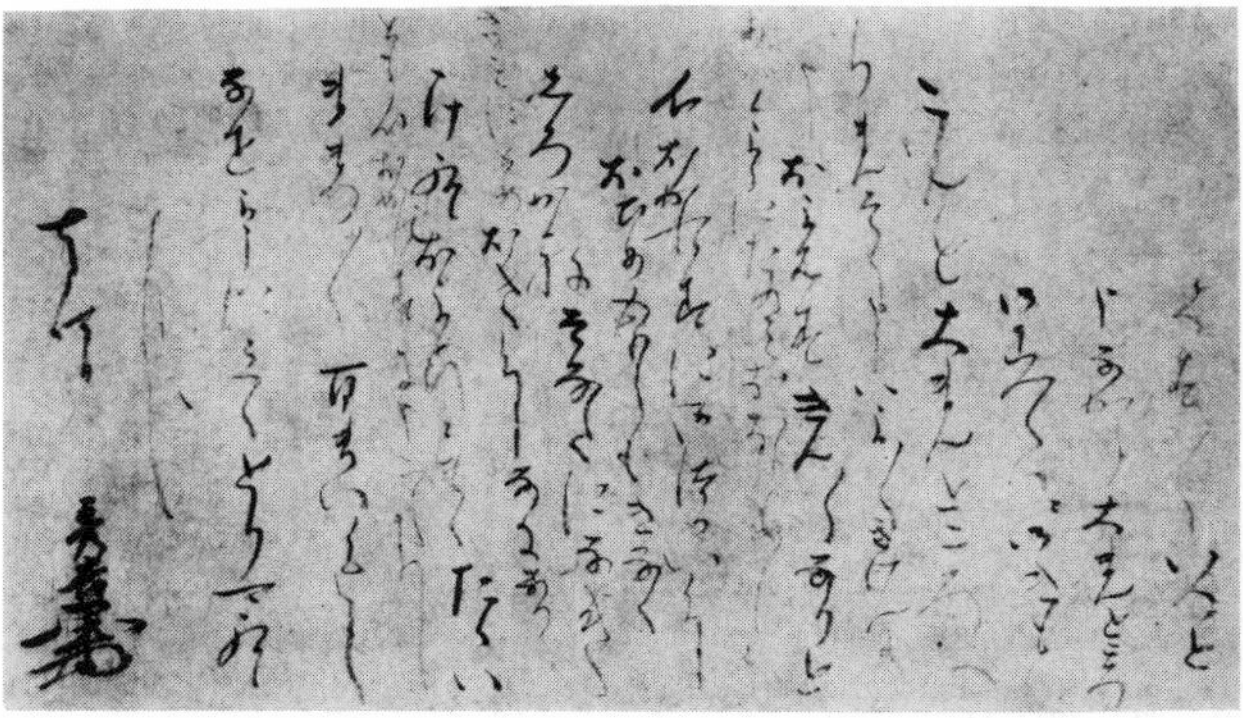

豊臣秀吉自筆書状（東京帝国大学史料編纂所『豊大閤真蹟集』17号文書、国立国会図書館ウェブサイトから転載）。２行目から「大まんところ御わつらいニ御きもいりまんそく申候」とあり、大政所を気遣い、金銀を気にせずに使うよう述べている。1588年頃か。宛所を欠くが『豊大閤真蹟集』の解説では高台院（北政所ねね）宛とする。女性に対しては平仮名で書状をしたためた。

る。ねねは当時、大坂城の留守居として大名の人質（妻子）を管理し、大坂の南で一万石余の所領を秀吉から宛行《あてが》われ、名護屋への継船《つぎぶね》の手形を発給する権限を与えられていた。ここでも文字通り北政所として政治的・公的な役割を果たしていた。

まもなく戦争は膠着《こうちゃく》状態に陥り講和交渉が行われた。この停戦期にも国内で広く太閤検地が行われる。結局、交渉は決裂し、ふたたび軍勢が朝鮮に渡海したが（慶長の役、丁酉再乱《チョンユジエラン》）、秀吉が死んで、朝鮮の人びとに大きな犠牲と怨嗟《えんさ》を残したまま終戦を迎えた。秀吉は、以上のように戦争を継続して求心力を維持してきたが、それに挫折した後、江戸幕府は城普請《しろぶしん》を繰り返して大名を動員し、またキリシタンを内なる敵に見立てることで大名・民衆の統制を固めてゆくことになる。

†都市の時代の光と影

最後に都市政策をみよう。信長は安土、秀吉は大坂・伏見・肥前名護屋に城と城下町を営んだほか、京都に聚楽第を築いて城下町として大きく改造した。京都の町の規模も、秀吉の時期以後、急激に拡大する。

秀吉はまだ近江長浜城主だった頃、町人に年貢・諸役を免除して城下への集住を図った。こぼという女性に宛てて次のように書いている。「(長浜の)町人に年貢・諸役を免除したところ、所縁《ゆかり》のある在々《ざいざい》の百姓を年貢・諸役が免除されている町へ呼び越しており、けしからん。よって年貢・諸役の負担を命じたが、あなたのお頼みなので以前のように免除する。よくよく言い聞かせなさい」。福田千鶴によれば、こぼは秀吉の母なか付の奥女中であり、なかが実際の宛所だとする。

長浜町が秀吉の母に取り成しを頼んで、年貢・諸役免除の継続を認められたことを示す。当時の秀吉一家は町人とも近しい関係にあり、女性も家政に関わっていた。そして秀吉は、村方へ重い年貢諸役を賦課しつつ町方へは免除するという政策に矛盾があることを知りながら、城下町の繁栄策としてそれを断行・維持した。家中の需要を賄う商人や職人を城下に集住させるために不可欠の方策だったからだろう。

そして全国統一後、一五九一年（天正十九）に諸国の石高調査を進めると、京都や大坂でも地子《じし》（年貢）を免除した。この方針は基本的に江戸幕府に継承され、江戸でも地子は免除されて幕末に至る。こうして町方と在方《ざいかた》との分離は、近世社会の基本的な原則となる。

在方を村に分割したのと同じように、都市では通りに沿った区画である町《ちょう》を支配の単位とした。同業者を集めた町も多く設定された。村と同じような検地は行わなかったが、町ごとに屋敷をもつ家持《いえもち》を書き上げさせて町人として把握していった。彼らは商人や職人として しばしば移動する存在でもあったが、土地に居つく者として把握された。労役や自身番などを勤める必要があり、やはり男性当主がいることが重視された。それればかりか、一五九六年（文禄五）、下京《しもぎょう》担当の所司代《しょしだい》であった石田三成は「女の名義で訴え出てきた訴訟は一切、裁許しない」とも命じている。

さて、戦争が終結に向かうと奉公人・雑兵《ぞうひょう》の多くも都市に流入した。平時となれば彼らは日用《ひよう》とよばれる労働者や振売《ふりうり》の商人とごく近似的な存在であり、奉公を終えると裏店《うらだな》に住むか奉公人口入《くちいれ》業者の寄留人《きりゅうにん》として滞留するようになった。男子には労働力としての需要が大きくそれで生計を立てられた。当時の三都や城下町は荒々しい単身の男性で溢《あふ》れかえった。彼らの存在は治安や風紀の上でも大きな問題となる。

彼らを相手とする遊女屋・売女屋も多く集まった。女子は戦争では略奪や売買の、平時にもかどわかしの対象とされることが多かった。男子に比べると主体的に労働力を販売しうる条件に乏しく、人身売買が禁止されても、家計の困窮などから実際には奴隷的な条件で売女屋への身売りを余儀なくされることは多かった。

一五八九年、秀吉は京都改造の一環として二条柳町《やなぎまち》に初めて遊廓を設けたとされる。遊女屋が営業できる町々を公認したのである。大坂の陣で豊臣家滅亡とともに最後の戦場が閉鎖されると、まもなく江戸幕府は大坂と江戸でも遊廓を公認し、やがて塀と堀とで囲い込んだ。人身売買を禁止した天下人が、町を限定して女性の売買を公認し風俗統制や治安維持に役立たせる。それによって初めて、近世の「平和」と都市の繁栄は成り立ったのである。ちなみに、この頃にはもう「天下」は日本全国の意味に定まっていた。

本講では織豊政権と近世の始まりについて概観してきた。名もなき身分から天下人に上り詰めた秀吉の妻や母への配慮は、彼の書き残した手紙からも印象に残るが、その陰で大多数の庶民はそうした思いやりをどれほど叶えることができただろうか。あるいは当時の風俗画が示すように、女たちは強《したた》かに近世を生きたことも確かだろう。その具体的な姿や営みは、次講以降でさまざまに示されるはずである。

さらに詳しく知るための参考文献

池上裕子『織豊政権と江戸幕府』（講談社、二〇〇二／講談社学術文庫、二〇〇九）……戦国期社会経済史の第一人者が、政策や社会構造の変化を追究する。信長については同『織田信長』（吉川弘文館・人物叢書、二〇一二）が新しい。

藤井讓治『戦国乱世から太平の世へ』（岩波新書、二〇一五）……近世初期政治史の第一人者が、淡々と年代順に政治的な事実を辿ってゆく。その基盤に、政治史料の網羅的収集と発信者の居所・年代の比定作業がある。

村井章介『分裂から天下統一へ』（岩波新書、二〇一六）……外交・漢文史料に精通する中世対外関係史の第一人者が、戦国時代から江戸幕府成立までを対外関係の視点から一貫して見通す。以上三冊を読み比べてみても面白い。

堀新・井上泰至編『秀吉の虚像と実像』（笠間書院、二〇一六）……秀吉の実像を歴史学の研究者が細かく追究し、同時に文学の研究者が秀吉の虚像がいかに形成されてきたかを検討するというユニークな一書。

藤井讓治ほか編『岩波講座日本歴史　第10巻近世1』（岩波書店、二〇一四）……講座という伝統的なスタイルによって、研究動向とその到達点を概観する論文集。

第2講

徳川政権の確立と大奥——政権期の成立から家綱政権まで

福田千鶴

†徳川家康と婚姻政策

一五九八年（慶長三）に天下人豊臣秀吉が伏見城に没した。この時、世嗣《よつぎ》秀頼は数えの六歳だった。秀吉は遺言を残し、幼少のため天下人たりえない遺児秀頼を補佐するために、五大老（徳川家康・前田利家・毛利輝元・上杉景勝《かげかつ》・宇喜多《うきた》秀家《ひでいえ》）と五奉行（浅野長政・石田三成・増《まし》田長盛《たながもり》・長束《なつか》正家・前田玄以《げんい》）を任命し、天下人不在のもとで天下の意思を大老・奉行の合議によって決定する公儀の機構を整えた。しかし、翌年には前田利家が没し、石田三成が加藤清正ら七将《しちしょう》に糾弾されて居城の近江佐和山に閉居するなど、大老・奉行による政権運営は動揺を続けた。これに決定的な打撃をもたらすのが、関ヶ原合戦である。

越後春日山（新潟県上越市）に在国していた上杉景勝を討つため、一六〇〇年六月十八日に徳川家康は大軍を率いて伏見城を出発した。その留守に石田三成が挙兵し、前田玄以・増田長盛・長束正家の三奉行とはかり、安芸《あき》広島に在国していた毛利輝元を呼び寄せて大坂城に置き、家康の非を記した十三か条を作成して有力武将に送りつけた。家康は上杉征討を中断し、九月十五日朝、関ヶ原（岐阜県不破《ふわ》郡）において石田三成が率いる軍勢と戦い、勝利を得た。敗者となった毛利輝元は大坂城を退城し、九月二十七日に家康は世嗣秀忠とともに大坂城に入って豊臣秀頼に対面し、その後、家康は西の丸、秀忠は二の丸に留まった。

こうして秀吉が構想した大老・奉行制は崩壊し、家康とその出頭人（側近）である井伊直政・本多正信を中心に、秀頼衆三人（小出秀政・片桐且元《かつもと》・寺沢広高）を加えての合議体制となった。また、合戦直後から京都・伏見・堺・奈良・伊勢山田・尼崎に家康の直臣《じきしん》を配置して、徳川氏による枢要《すうよう》都市の直轄地化を進めたが、大坂は小出秀政と片桐且元、長崎は寺沢広高が奉行を務めており、家康は親徳川派とされた秀頼衆を取り込みながら豊臣体制の換骨奪胎を進めた。

一六〇一年三月二十三日に家康が秀忠とともに伏見城に移った頃から、家康には将軍就任の噂がたちはじめる。一六〇二年二月には朝廷から家康を源氏長者《げんじのちょうじゃ》に補任したいとの内旨が伝えられたが、家康は「当年は慎みの間」との理由で辞退した（『言経卿記《ときつねきょうき》』）。儀式を執り行うための二条城が未完成だったことや、関ヶ原合戦後に国替えとなり、領国経営の最中であった諸大名にも配慮したためだろう。一六〇三年には諸大名を上洛《じょうらく》させ、二月十二日に将軍宣下《せんげ》となった。これは家康が豊臣家大老の地位から脱し、武家の棟梁として実質的に武家社会の頂点に立つことにつながった。

ただし、家康は秀吉恩顧の大名に主従関係を強いることには慎重だった。そのかわりにとったのが、大名と縁戚関係を強化する婚姻政策である。秀吉は遺言で五大老が自由に婚姻関係を結ぶことを禁止していたが、家康はこれに背き、結果として実娘三人、養女十八人の計二十一人を大名家に嫁がせた。一六〇五年に将軍職を継いだ秀忠も同様に、実娘三人、養女十一人の計十四人を嫁がせた。一般に、将軍との親疎《しんそ》の関係に基づいて、大名を親藩《しんぱん》・譜代《ふだい》・外様《とざま》に分類する区分が知られているが、これは江戸時代に用いられた類別ではなく、近代になって成立した歴史用語である。

たとえば、一六四一年（寛永十八）から『寛永諸家系図伝』の編纂が始まる。その過程で、筑前福岡（福岡市）に領地をもつ国持《くにもち》大名の黒田家では、初代黒田長政の妻である大《だい》凉院《りょういん》（栄）の扱いを大老酒井忠勝に尋ねた。大凉院は保科正直《ほしなまさなお》の娘で、家康の姪にあたり、家康養女となって長政に嫁いだ。豊後《ぶんご》日田郡（大分県日田市）内に化粧料千石を与えられ、江戸城大奥にも登城でき、その際には末《すえ》の間まで乗物（輿《こし》）で入ることを許される高い格

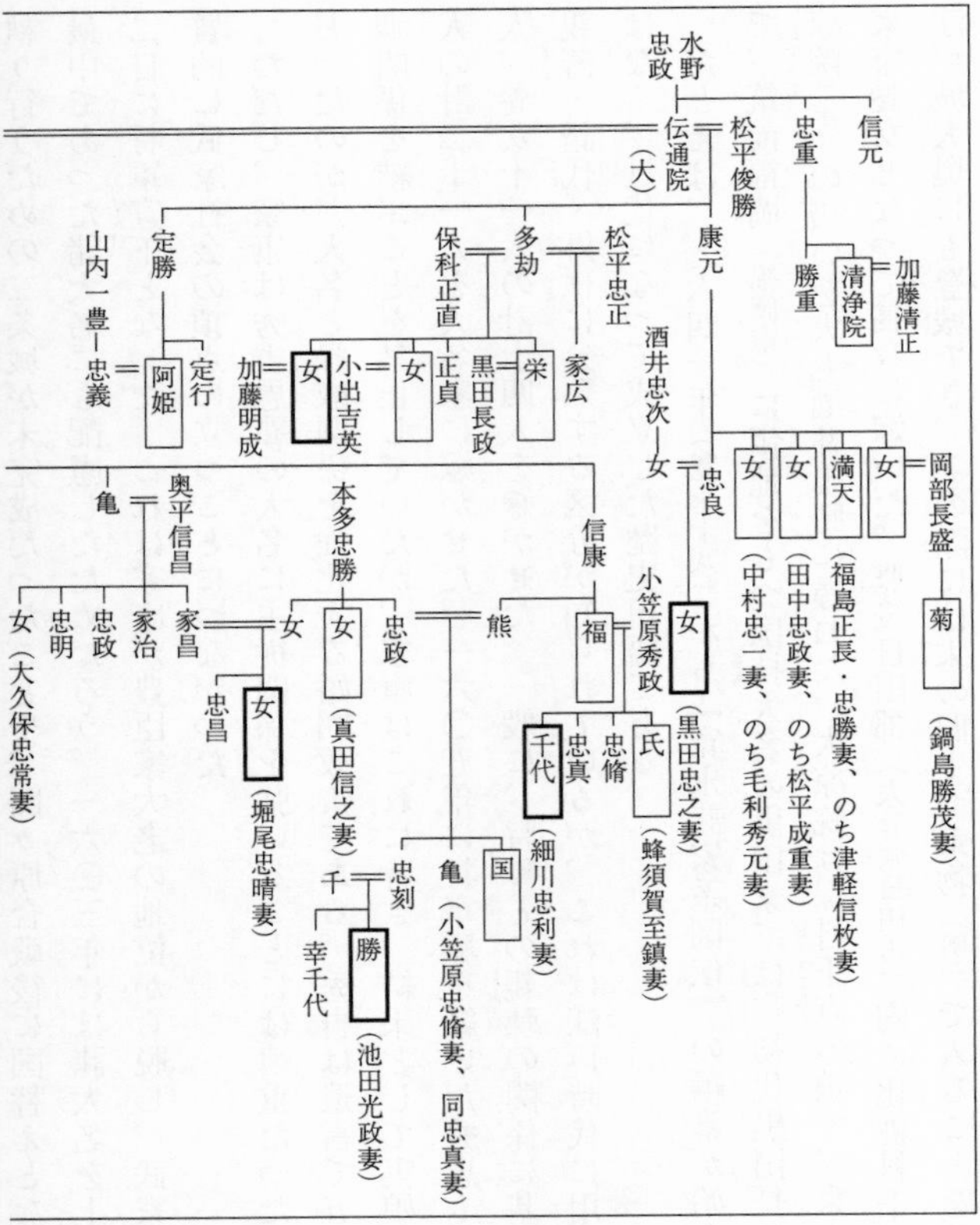
水野忠政
信元
忠重
松平俊勝
伝通院（大）
加藤清正
清浄院
勝重
康元
岡部長盛
女
菊（鍋島勝茂妻）
満天（福島正長・忠勝妻、のち津軽信枚妻）
女（田中忠政妻、のち松平成重妻）
女（中村忠一妻、のち毛利秀元妻）
酒井忠次
女
忠良
女（黒田忠之妻）
松平忠正
家広
多劫
栄
黒田長政
保科正直
正貞
女
小出吉英
女
加藤明成
定勝
定行
阿姫
山内一豊
忠義
信康
小笠原秀政
福
氏（蜂須賀至鎮妻）
忠脩
忠真
千代（細川忠利妻）
熊
国
亀（小笠原忠脩妻、同忠真妻）
本多忠勝
忠政
女（真田信之妻）
忠刻
千
勝（池田光政妻）
幸千代
女
女（堀尾忠晴妻）
忠昌
奥平信昌
亀
家昌
家治
忠政
忠明
女（大久保忠常妻）

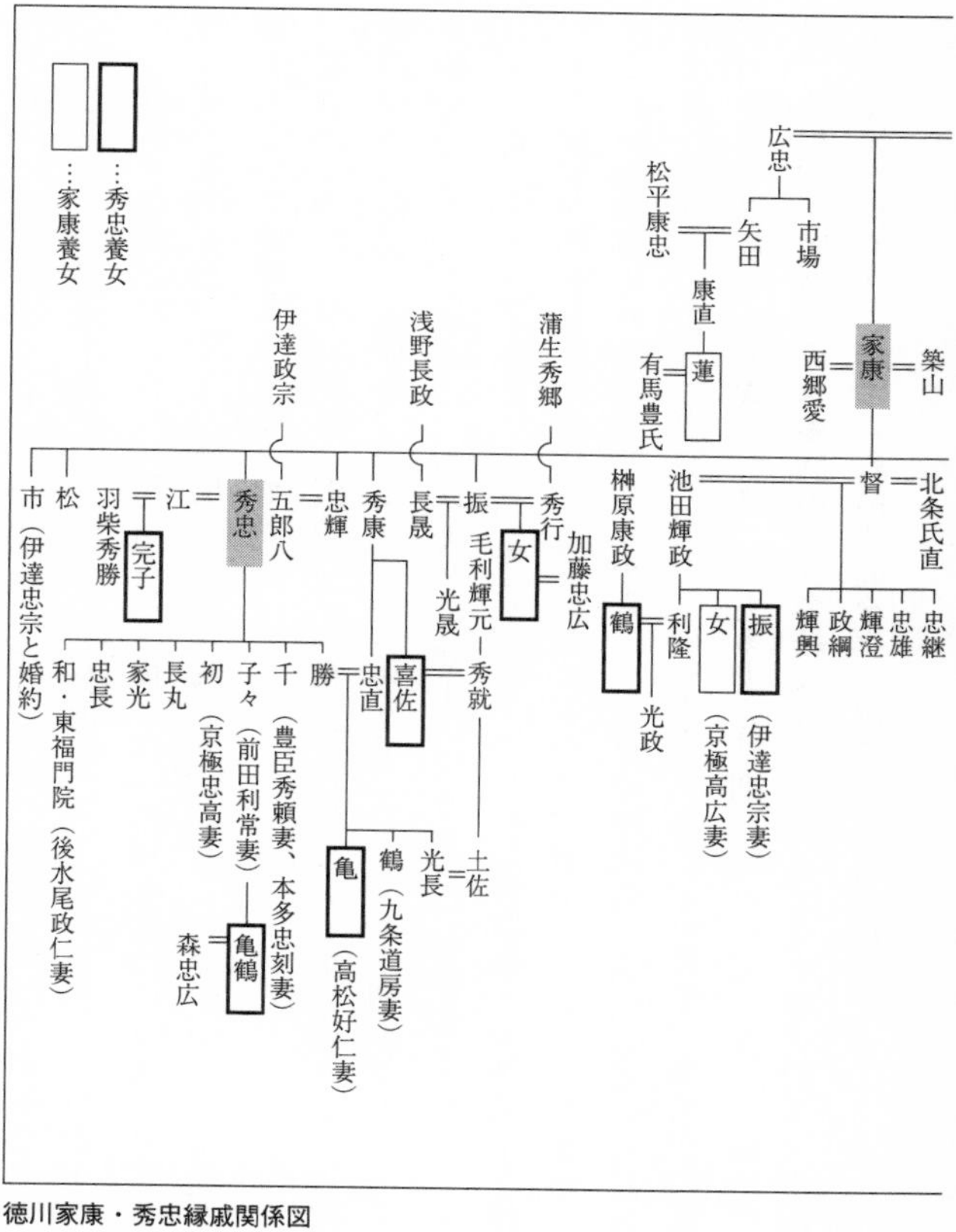

徳川家康・秀忠縁戚関係図

式であった。忠勝は、「大凉院様を書かなければ、御《ご》一門《いちもん》の分であることがわからなくなる」と返答し、長政の系図内に書くことを指示した（竹森家文書）。つまり、黒田家は一般的な理解では関ヶ原合戦後に徳川家に臣従《しんじゅう》した「外様大名」に位置づけられるが、同時代的には、家康養女を娶《めと》り、徳川家と縁戚関係を結んだことで、一門の待遇を与えられた国持大名として理解すべきなのである。

　家康は一六〇五年に加賀金沢の前田利常を江戸城において元服させ、松平名字を与え、従四《じゅし》位下《いのげ》・侍従《じじゅう》に叙任し、翌年には秀忠次女子々《ねね》（珠《たま》）と婚姻させて前田家との縁戚関係を結んだ。これを筆頭に、国持大名の嫡子《ちゃくし》に松平名字・将軍偏諱《へんき》（諱《いみな》の一字）・叙爵《じょしゃく》（従五《じゅご》位下《いのげ》）をセットで与えることで、秀吉から与えられた豊臣姓・羽柴名字を持つ大名の子息たちを松平一門として同族化していった。さらに、徳川家から嫁いだ妻から世嗣が誕生することが血縁強化の最善策であるから、大坂夏の陣後の一六一五年七月に発令した武家諸法度第八条では、「私に婚姻を締《むす》ぶべからざること」と定めて、大名が婚姻する際には将軍の許可を得ることを義務づけ、一夫多妻の婚姻形態を一夫一妻へと厳格化した。その結果、徳川家と国持大名は親族の関係で結ばれることになったが、その一方で公儀の意思決定に私縁を持ち込みやすい政治空間を生み出すことにもなった。

†豊臣家の滅亡

家康は一六〇八年から駿府城《すんぷ》(静岡市)に居城を構えた。そのため、かつてはこの時期の政権運営を大御所家康のいる駿府政権と将軍秀忠のいる江戸政権による二元政治と捉えていたが(藤野保『新訂幕藩体制史の研究』吉川弘文館、一九六一)、家康は将軍職を秀忠に譲った後も天下人として公儀権力の中心にいて実権を握るため、これを二元政治と理解するのは適切ではない。また、一方で大坂城には豊臣秀頼がおり、ポスト天下人の座を狙っていた。これを関白型公儀と将軍型公儀の二重公儀と捉える見方もあるが(笠谷和比古『近世武家社会の政治構造』吉川弘文館、一九九三)、関白型公儀の実態はない。天下人たりえない秀頼に代わり、家康が公儀を占拠して運営していたという理解が実態に近いだろう。

なお、家康は秀吉の遺言に従い、秀忠の長女千を秀頼に嫁《か》したので、秀頼にとって秀忠は義理の父、家康は義理の祖父という縁戚関係にあった。また、秀頼の生母茶々《ちやちゃ》(淀)は、千の生母江《ごう》の姉という関係にあり、江は豊臣秀吉の養女となって秀忠に嫁いでいた。そのような複雑な関係のもと、秀忠が家康なきあとの天下人になれるかどうかは流動的であった。大坂冬の陣は、京都方広寺《ほうこうじ》の大仏殿に掲げる鐘の銘に家康を呪詛する文面が書かれていたことが原因で引き起こされたとされるが、家康側は鐘銘事件が起こる前から秀頼と国持大名との分断を画策しており、繰り返し大名から起請文《きしょうもん》をとって徳川方からの離反を防ごうと画策していた（福田千鶴「大坂冬の陣開戦までの西国大名の動向——黒田長政・島津家久を中心に」『九州文化史研究所紀要』五十九、二〇一六）。要するに、秀忠にしろ、秀頼にしろ、武家の棟梁たる力量を実力で示す必要があり、大坂冬の陣・夏の陣で秀忠が秀頼に勝利したことをもって、秀忠のポスト天下人の地位は不動のものとなった。

一六一五年七月には慶長から元和《げんな》へと改元し、その前後には江戸時代の基本法となる諸国城割令（いわゆる一国一城令）、武家諸法度、禁中《きんちゅう》幷《ならびに》公家中《くげちゅう》諸法度、諸宗諸本山寺院《しょしゅうしょほんざんじいん》法度などが発令された。

†徳川秀忠と江戸政権の本格始動

一六一六年（元和二）四月に家康が駿府城に没した。ここに駿府政権を吸収する形で、名実ともに天下人となった将軍秀忠のもとでの政治が本格的に始動する。一六二三年には将軍職を世嗣家光に譲り、大御所と称されたが、家康と同様に一六三二年（寛永九）正月に死去するまで天下人として実権を握り続けた。

秀忠の妻となる江は、近江の戦国大名浅井長政と織田信長の妹市《いち》（異説あり）の三女として生まれた。伏見で秀忠と婚姻し、一五九七年五月に長女の千が生まれた。江からは誕生順に千・子々・勝《かつ》・初・家光・忠長・和《かず》の計七人の子が生まれたと系図上に記されるが、和の誕生は一六〇七年十月、江が数えの三十五歳の時である。足掛け十一年間で七人全員を一人で生むのは無理なので、その内の数人は秀忠の妾から生まれたが、表向きには江が母になったと考えるのが適切だろう。江が千・初・忠長の生母であることは記録から確実であり、一六〇三年七月に初が生まれ、そのちょうど一年後の一六〇四年七月に家光が生まれた。出産後の女性には一年程度は排卵がないので、その間の妊娠はない。たまに早くて半年で排卵がくる場合もあるそうだが、仮に妊娠できても、家光は六か月で生まれてきたことになり、当時の医術でこれを生存させることは難しい。よって、健常に生まれた家光が江の実子である確率は極めて低い。

それゆえ、家光は表向きには江から生まれた若君として大切に扱われていたが、弟の忠長が成長するに伴い、両者はほぼ同格に扱われるようになっていく。これを苦慮した家光乳母の春日局《かすがのつぼね》が駿府の大御所家康に訴え、家光の世嗣としての地位が固まったのは一六一五年末であった（藤井讓治『徳川家光』吉川弘文館、一九九七）。この件につき、秀忠・江夫妻が弟の忠長を溺愛したゆえに家光の廃嫡《はいちゃく》をはかったと説明されることが多いが、家光が江から生まれた嫡出長男であれば、誰も文句のつけようのない正嫡《せいちゃく》である。そのような家光をただ弟がかわいいからという理由で廃嫡することの方が難しかった。そこで、家光が実は庶出子《しょしゅつし》であり、忠長こそが嫡出子であるという秘密が潜んでいたとすれば、武家社会における嫡庶長幼《ちゃくしょちょうよう》の秩序のもとでは、年長の庶出兄よりも、嫡出子の弟にこそ家督相続の優先権があり、家光廃嫡にもそれなりの理由が立つ。しかし、家康としては家光がこれまで表向きに江の子として育てられた事実を重視し、無用な騒動により徳川家中が分裂するのを避けるために家光の家督継承を支持し、秀忠・江夫妻もこれを承認したのだろう。

†奥方法度の制定

秀吉死後に伏見に残されていた江は、一五九九年（慶長四）十二月に夫のいる江戸に下った。その頃の秀忠の居所は江戸城西の丸であり、本丸には一六〇六年に移った。これに江も同行しただろう。なお、将軍の妻は「御台所《みだいどころ》」と尊称され、その居住空間は「奥方《おくがた》」と呼ばれていた。「大奥」の名称が確認できるのは、一六六〇年代（寛文頃）からになる。

一六一八年（元和四）正月には「奥方法度」五カ条が制定された。これは大奥の門の出入りや宿直を定めたもので、晩六つ時（六時頃）を過ぎれば切手門の出入りが一切禁じられた。一六二三年正月には九カ条に増やされ、奥からの御用は女中三人（小《こ》大夫《たいふ》・おきゃく・をく）を通じて整えるようにと定められた。

将軍となった家光が一六二四年（寛永元）十一月に江戸城本丸に移ると、かわりに大御所秀忠と江が西の丸に移った。これ以降、春日局は本丸表《おもて》の局（「御本丸様表御局」）と呼ばれた。家光御台所の鷹司孝子《たかつかさたかこ》も本丸大奥に入ったので、大奥の女主人は孝子であり、孝子付の奥の局《つぼね》が奥方を差配する立場にあった。しかし、一六二六年に江が死去し、しばらくして孝子も精神を患い大奥を出て中の丸に移り住むと、大奥は御台所不在となる。その代役を果たしたのは、まず一位局《いちいのつぼね》であった。本名を飯田阿茶《あちゃ》といい、家康の別妻の一人で、家康の死後は駿府から江戸に下り、大奥で老女としての役割を担った。一六二〇年（元和六）に秀忠五女の和が後水尾帝《ごみずのおのみかど》の女御《にょうご》として入内《じゅだい》する際には同行し、その「母代《ははしろ》」として従一位《じゅいちい》に叙せられた。この時、和は従三位《じゅさんみ》に叙せられたので、それまで無位無官であった阿茶に対する厚遇は特筆に値する。隠居後は雲光院を称し、北の丸に広大な屋敷地があり、武蔵中野村で知行地三百石を与えられ、一六三七年（寛永十四）に没した。

一六二九年には後水尾帝が幕府に無断で突然の譲位を決行した。上洛していた春日局が三条西実条《さねえだ》の兄弟分となって帝と対面したことが屈辱的だったからと説明されることが多いが、この時、春日局は帝より位（従三位、のちに従二位）と春日の名を授かり、形式を整えて対面している。一位局の先例もあるので、これが直接の原因だったとは考えにくい。なお、春日局の名称はこの時からであり、阿茶局に次ぐ高位を持つ女性となったことは、春日局の大奥における地位を自ずと高めることになった。

ところで、江戸時代に大名は参勤交代を義務づけられ、大名の妻は江戸に人質として置かれたというのが定説である。しかしながら、近世初期に大名の妻の江戸在住は義務づけられてはいなかった。というのも、国持大名の妻の多くは徳川将軍家と血縁関係にあったから、彼女たちを人質にとっても効果は少ない。かわりに大名の生母や重臣の子弟が人質の役割を担っており、男子の場合は江戸城留守居が管轄下においた。女子の場合は、初めの頃はよくわからないが、家光期には春日局が取り扱い、交替の時は自ら対面して処理していたという。

一六二一年(元和七)正月になると、大名の妻を江戸に移すようにと老中《ろうじゅう》奉書をもって個々に伝達され、妻の江戸在府が本格化する。一六三四年(寛永十一)には、上洛中の家光から「譜代」の者の妻も江戸に置くように命じられたことで、大名妻の江戸在府は義務化することになった。

†三代家光から四代家綱へ

一六三二年(寛永九)正月に大御所秀忠が没した。名実ともに天下人の地位についた三代将軍家光は、将軍親政を開始する。その「御代《みよ》替りの政治」として、肥後熊本の大名加藤忠広が改易された。家康は秀吉の死後すぐに水野忠重の娘(家康のいとこ)を養女とし、加藤清正に嫁がせた。娘が一人生まれたが、男子に恵まれず、妾玉目《たまめ》氏との間に生まれた忠広が清正死後に家督を継ぎ、秀忠養女（実は蒲生《がもう》秀行の娘）と婚姻した。蒲生氏からは嫡子光正が生まれ、二代に渡って徳川将軍家との縁戚関係を築いたが、忠広は実母や玉目氏出身の妾を大切にし、徳川家と血縁続きの妻子を蔑《ないがし》ろにした。加えて、御代替りの時期に江戸で生まれた庶出子とその母玉目氏を国元に下したことが問題となった。外様大名の統制策の一環として捉えられる加藤家の改易だが、徳川氏が進めた婚姻政策を尊重しなかったことに真の改易理由があったのである。

家光期には幕府職制が整えられた。一六三四年には老中職務定則を取り決め、その第二条で国持・惣《そう》大名・一万石以上の御用・訴訟を老中が担当することを明文化し、特定の老中に権限が集中し、公儀に私縁が持ち込まれることを制限しようとした。しかし、この後も大名たちが取次の老中や御用頼みの旗本を通じて、その内意や指南をうけたうえで月番《つきばん》老中に申し入れる政治慣行を創り出した。あるいは、私的要素が強い案件については、家光との心安い関係を利用した江戸城奥向《おくむき》における内証ルートを用いて将軍の御耳に入れて内諾を取り付け、そのうえで表向ルートを通じて老中から将軍に正式に願い出た。春日局を通じて大奥で家光の耳に入れられた案件も多く、この時期に春日局が果たした政治的役割は諸大名も無視できないほど大きかった。

四代将軍となる家綱は、一六四一年八月三日に生まれた。父家光は妻の鷹司孝子と別居しており、嫡出子が生まれる可能性はなかったから、家綱は庶出子（母は増山楽《ましやまらく》）ながら、出生後すぐに将軍家若君としての地位を確定させた。九月二日に初披露目となり、家光がまず表向《おもてむき》の白書院に出て、徳川三家（尾張・紀伊・水戸）の当主および嫡子に対面し、次に大広間に出て大名以下が太刀目録を献上した。家光が奥向《おくむき》に入ると、家綱を抱いた春日局が女房三人を従えて白書院に出座し、徳川三家の当主および嫡子にそば近くで対面するようにと春日局が伝えた。次に大広間にも出て大名以下に対面させた。このように、必要があれば春日局たち大奥女中が表向の空間に出てきたことが注目される。

家綱の乳母には、三沢と川崎が採用された。家綱の信任を得て、三沢は「本丸御局」と呼ばれた。一六五六年（明暦二）に没すると、その俸禄《ほうろく》（現米五十石・月俸十口）は三沢の母俊貞尼《しゅんていに》に与えられ、一六六七年に俊貞尼が没すると、三沢の甥信好（五歳）に与えられ、三沢の名跡が立てられた。川崎は老女となって大奥を取り仕切った。川崎の祖父は織田信長の五男勝長の子正元であり、川崎の娘外山、養女（姪）の娘二人は富岡・浦尾を名のって大奥年寄（老女）となって活躍した。

一六五一年（慶安四）四月に家光が没すると、八月十八日に江戸城において家綱の将軍宣下となった。この時、家綱は十一歳。その直前には由井正雪《ゆいしょうせつ》らが牢人を集めて蜂起する騒擾《そうじょう》事件が起きたが、すぐに鎮圧された。幼少将軍を支えたのは、大老酒井忠勝、老中松平信綱・松平乗寿《のりなが》・阿部忠秋、徳川三家、および後見人の保科正之（家光の異母弟）であった。一六五三年（承応二）からは酒井忠清が筆頭老中に任命され、以後、五代将軍綱吉のもとで忠清が大老職を解かれるまでは、忠清を中心に幕政は運営された。

家綱は、一六五七年（明暦三）七月に伏見宮貞清親王の娘浅宮顕子女王と婚姻した。久々に御台所が置かれることになったが、子には恵まれなかった。なお、家綱は無嗣《むし》であり、結果として弟の綱吉を養子に迎えたが、実は家綱の側女中の二人が懐妊しており、子が生まれる可能性は十分にあった。

†女中法度

一六七〇年（寛文十）二月二十二日には、女中法度八カ条が定められた。公儀を第一に勤めること、側近い奉公人の心得、奥方法度を守ること、梅・岡野・矢島・川崎の四人の命令に従うこと、奥方の作法を他人や親類に一切他言しないこと、倹約を守ること、宿下がりは四人の指示に従うこと、部屋の火の用心等である。同日には老中四人（阿部忠秋・稲葉正則・久世《くぜ》広之・土屋数直《かずなお》）連名で条々七カ条が出された。一、表向の御用は、家光から出された条目や今回の誓詞前書にもある通りに守り、今後は一切関わってはならない。二、御台様の御為よきように心得て、もし問題人物がいれば老中へ言上すること。三、諸大名やその妻（「内儀」）、公家門跡《もんぜき》、旗本、出家、町人など、誰であろうと将軍の御前に取り成し、訴訟がましいことを頼まれて言上しないように、側近い面々に常々堅く申し渡しておくこと。四、世上の評判や諸人の善悪の噂などを妄《みだ》りに将軍に言上しないこと。五、奥方にて目見えができる女中はかねて定める通りとし、目見えをしないといけない者は、その次第を老中まで内談の上、将軍の御耳に入れること、たとえ書立てに名前があっても、御一門方が御目見えの時は前もって老中に伺うこと。また、将軍の側近くに仕える者は常々心がけ、酒に乱れ、気むらなる者がいれば、四人の老女まで有体《ありてい》に報告すること。六、奥方役人は善悪をよく吟味し、事前に老中に内談して将軍の御耳に立てた上で命じること。

要するに、奥方（大奥）のコネを通じて、様々な内願が将軍家綱の耳に入れられる状況に対し、故家光が定めたように老中を介して将軍に取り次ぐことや老女四人による取り締まりが命じられた。一七一二年（正徳二）の法度でも、大奥女中や部屋方で抱えている女中が表方役人に親類・縁者の役替えや町人・職人の用達の件を頼まないようにと命じられた。大奥の内証ルートを通じた内願のみならず、大奥に仕える女中たちが表向の人事にも関与していることが問題視されたわけだが、幕府の意思決定に大奥が関与する構造はその後も連綿と続けられることになる。

さらに詳しく知るための参考文献

藤井譲治『江戸開幕』(講談社学術文庫、二〇一六)……豊臣秀吉が死去した一五九八年(慶長三)から、江戸幕府三代将軍家光の死去する一六五一年(慶安四)までの通史。

福田千鶴『酒井忠清』(人物叢書、吉川弘文館、二〇〇〇)……四代将軍徳川家綱期に老中・大老として実権を握った酒井忠清の人物評伝。家綱期の政治史を知るための数少ない歴史書としても利用できる。

福田千鶴『江の生涯——徳川将軍家御台所の役割』(中公新書、二〇一〇)……江戸幕府二代将軍徳川秀忠の妻となる浅井江の生涯について、これまでの二次的な文献で描かれてきた人物像を見直し、御台所の役割を明らかにした初の評伝。

福田千鶴『豊臣秀頼』(吉川弘文館、二〇一四)……豊臣秀吉の世嗣として生まれながら、大坂夏の陣で敗者になったことにより、母淀(浅井茶々)によって柔弱に育てられたイメージの強い豊臣秀頼だが、当該期の重要な政治的存在であったことを明らかにした書。

福田千鶴『淀殿——われ太閤の妻となりて』(ミネルヴァ書房、二〇〇五)……豊臣秀頼の生母浅井茶々の本格評伝。豊臣秀吉の「愛妻」とされる評価に対し、茶々は秀吉の妻であったことを論じた。妻妾制や奥の成立を考える上での必読文献。

福田千鶴『春日局——今日は火宅を遁れぬるかな』(ミネルヴァ書房、二〇一七)……徳川家光の乳母として知られる春日局について一次史料を駆使して描いた基礎的文献。春日局の政治的役割を明らかにするとともに、家光とは実の母子関係であったことを問題提起した。

第3講　天皇・朝廷と女性

久保貴子

†武家政権下の天皇・朝廷

一五八五年（天正十三）七月に関白となった豊臣（この時は藤原）秀吉は、やがて、関白職を「天下之儀きりしたかへ」る職とした。関白職に軍事力という要件を加え、天下統一を果たす自らの正当性の拠り所としたのである。もちろん、公家に対する支配も進め、室町時代末以来、戦乱に翻弄《ほんろう》された天皇・朝廷社会にも大きな変化をもたらした。

翌年、正親町《おおぎまち》天皇は後花園《ごはなぞの》天皇以来の譲位を実現し、孫の後陽成《ごようぜい》天皇が皇位につく。秀吉は太政大臣《だいじょうだいじん》を兼任し、即位当日には天皇に即位灌頂《かんじょう》を伝授した。一五八八年には聚楽行幸《じゅらくぎょうこう》が行われ、秀吉は禁裏御料《きんりごりょう》の進上をはじめ、諸公家・諸門跡《もんぜき》に知行配分を行う。そして、諸公家らに朝廷への奉公と家道《かどう》への精進を命じた。これにより天皇と公家との主従関係が改めて確認された。天皇の権能も秀吉によって支えられていく。一方で、摂家《せっけ》は、家職《かしょく》であった関白職を失い、やがて大臣からも排除されてその力が低下した。

しかし、秀吉が没し、関ヶ原の戦いが終わると、徳川家康は、摂家の家職を回復する。つまり摂家が再び関白職についたのである。家康自身は征夷大将軍《せいいたいしょうぐん》に任官して、将軍職を徳川の家職とし、武家官位を公家官位から切り離した。こうして豊臣時代とは異なる天皇・朝廷体制の構築が始まる。その過程で、官女密通《かんじょみっつう》一件や後陽成天皇の譲位をめぐって、同天皇と家康との間で確執が起きるなか、一六一一年（慶長十六）後水尾《ごみずのお》天皇が皇位についた。

大坂落城後まもない一六一五年（元和元）に発布された「禁中并公家中諸法度《きんちゅうならびにくげちゅうしょはっと》」には、天皇に望むものも明記され、関白（摂家）を中心とした朝廷運営と秩序が示された。この法度は、幕府による朝廷統制（事実上の朝廷支配）の基礎となるもので、幕府倒壊まで改定されることはなかった。江戸時代の朝廷の経済は幕府に依存しながらそれなりに安定し、天皇は、自らの、そして朝廷のあるべき姿を模索して行動するようになっていく。

†女御復活とその後

一五八六年、秀吉は、近衛前久《このえさきひさ》の娘前子《さきこ》を養女にして新天皇（後陽成天皇）の許へ養女として入内《じゅだい》させた。これが南北朝期以来中絶していた女御《にょうご》の復活となる。「女御」は、本来正妻を意味するものではない。しかし、臣家《しんけ》出身の皇后《こうごう》は女御を経て冊立《さくりつ》されるのが慣例となり、一天皇に複数の女御が同時には存在しなくなってくると、やがて女御宣下《せんげ》後数か月内で皇后に冊立されるようになったため、女御は皇后冊立前の予備的なものと考えられるようになっていた。このため、前子は、皇后に准ずる正妻の地位についたとみなされた。とはいえ、江戸時代でも「女御」の称に対する解釈が定まっていたわけではなく、前子自身、女御の地位について気にしていた時期もある。なお、「入内」の語は、辞書などには「后妃が正式に内裏《だいり》に入ること」などと説明されるが、当時の史料では、公家の娘が（女《にょ》官《かん》として）後宮《こうきゅう》に出仕場合にも使われることがあるので注意を要する。

秀吉が、前子を女御にした意図はさておき、ここで注目したいのは、女御が摂家出自で、かつ関白の娘（養女ではあったが）であるという事実である。これが江戸時代の女御選びの基準になっているとも言えるからである。従来、江戸時代の朝廷が摂家重視であったため、女御が摂家の娘であることは当然のように受けとめられているが、江戸時代の女御十二人中九人を占める摂家の娘のほとんどが摂政《せっしょう》・関白や太政大臣の娘や妹であったことはあまり注目されていない。女御は、その時の朝廷内第一人者の立場にあった摂家の娘と言っても過言ではないのである。

そうでない場合には理由があった。たとえば、九条尚忠《ひさただ》の娘夙子《あさこ》が皇太子だった孝明《こうめい》天皇の女御に決まった一八四五年（弘化二）時、尚忠はまだ右大臣である。仁孝《にんこう》天皇は関白鷹司政通《たかつかさまさみち》の娘か孫を望んだが、政通は仁孝天皇の女御が鷹司家から二人続いたことや皇太子の婚姻を実現する（関白として幕府と交渉することになる）ため自家から女御を出すことを固持した。その結果、最終的に尚忠の娘に決まったという経緯がある。

女御のうち摂家の娘ではない三人の内訳は、将軍の娘一人、親王《しんのう》家の娘二人である。将軍の娘和子《まさこ》については後述する。親王家の娘のうち後西《ごさい》天皇の女御明子《あきこ》女王《にょおう》の場合は、もともと後西天皇が明子女王の生家高松宮《たかまつのみや》家を相続したことで成立した縁組で、天皇の正妻として選ばれたものではない。したがって、残るのは東山《ひがしやま》天皇の女御幸子《ゆきこ》女王だが、これは摂家に年相応の娘がいなかったことが最大の要因であろう。たとえば、二人の縁組が成立した一六九四年（元禄九）時の関白近衛《このえ》基熙《もとひろ》には、当時未婚の娘が確認できないし、基熙の嫡男《ちゃくなん》で右大臣だった家熙《いえひろ》の長女は東山天皇より十一歳下であった。しかも、天皇の姪にあたるためそもそも婚姻はできない。

いずれにせよ、天皇の正妻には朝廷内第一人者の娘であることが望ましいというのが、天皇家の変わらぬ考え方だったと思われる。

†皇后（中宮）復活と皇太后復活

一六二〇年、二代将軍徳川秀忠《ひでただ》の末娘和子が紆余曲折の上、後水尾天皇の女御となった。前子の時には実現できなかった皇后（中宮《ちゅうぐう》）の復活は、和子入内まもなくから意識されている。歴史を鑑みれば、天皇の正妻はやはり皇后（中宮）である。秀忠がそれを望まないはずがない。朝廷の復興に意欲的であった後水尾天皇にしてもその復活は望ましい。一六二四年（寛永元）準備万端整えて、和子は皇后（中宮）に冊立された。女御から皇后に冊立されたことも先例にかなっている。ただ、こののち所生の明正《めいしょう》天皇が皇位についたものの、その皇位継承の事情から皇太后《こうたいごう》復活にはつながらなかった。

次の天皇女御である明子女王は皇后になっていないが、これは前述したように、天皇の正妻として迎えられた女性ではないこと、後西天皇が中継ぎの天皇であったことが要因と思われる。実際、霊元《れいげん》天皇の正妻として入内した女御房子《ふさこ》は皇后に冊立された。ただ和子の時とは違い、准三宮《じゅさんぐう》を経て皇后となったため、朝廷内で物議を醸している。しかし、これを先例に次の東山天皇女御幸子も准三宮を経て皇后となり、女御は准三宮に進むのが定例となった。

もっとも、江戸時代の后宮制度の特徴は、皇后が定着しなかったことにある。房子と幸

後水尾帝の二条城行幸図。中宮（徳川和子）の乗った車が描かれている（宮内庁所蔵）

子の皇后冊立は、後嗣《こうし》の立太子《りったいし》と連動したもので、天皇の譲位が視野に入った段階で行われた。したがって、彼女らが「皇后」である期間は長くない。こうしたことから、やがて、次期天皇との親子関係の方が重視されるようになる。その契機となったのは、中御門《なかみかど》天皇の女御尚子《ひさこ》が第一皇子の出産後に没したことであった。房子と幸子は皇子に恵まれていなかったので、久々の嫡男誕生であり、朝廷は、検討の末、一七二八年（享保十三）皇子（桜町《さくらまち》天皇）の立太子を期に、尚子に「皇后」ではなく「皇太后」を贈る。これにより、「贈」ながら「皇太后」が復活した。

　桜町天皇は嫡男に恵まれず、女官の儲けた唯一の皇子を儲君《ちょくん》に定めるに際して、正妻の舎子《いえこ》の「実子」とした。以後、天皇の正妻は、後嗣が所生でない場合、母子関係を正式に結ぶことになる（養子や実子にする）。結果、天皇正妻は、後嗣が皇位につくと、「母」として皇太后になる道が開け、女御→准三宮→皇太后と進むのが通例となった。このため、天皇在位中に第一皇子を失い、かつ後嗣未定の状況で没した仁孝天皇の正妻繋子《つなこ》には「皇后」が贈られている。

唯一の例外は、光格《こうかく》天皇の正妻欣子《よしこ》内親王《ないしんのう》である。まず、欣子内親王は女御にはならなかった。歴史的には、内親王が女御と称された事例も散見されるが、欣子内親王の置かれていた立場ゆえか、これは採用されなかった。内親王の女御宣下《せんげ》が確認できていないことも理由の一つであろう。また、入内前に准三宮となり、入内後すぐに立后して皇后となるなど、ほかの天皇正妻とは多くの相違点がある。そして、後嗣の「実母」として「皇太后」にもなるので、天皇の正妻、天皇の「母」をそれぞれ象徴する「皇后」「皇太后」の両方を経た江戸時代唯一人の女性となった。

†女院の地位

女院《にょいん》は、母后《ぼこう》を尊崇する趣旨から始まったものだが、その対象はすぐに拡大した。近世では、天皇の母に対して院号宣下を行うというのが基本の考え方である。ただ、天皇の正妻であるか否かで扱いには明確な違いがあり、女院と称されるのは天皇正妻の場合のみであった（後陽成天皇生母の新上東門院《しんじようとうもんいん》は例外）。

江戸時代初期の新上東門院（勧修寺晴子《かじゆうじはれこ》）と中和門院《ちゆうわもんいん》（近衛前子）は、いまだ朝廷体制の内実が整わないなか、上皇不在期の天皇・朝廷を支える重要な存在となった。将軍の娘という特異な立場の東福門院《とうふくもんいん》（徳川和子）は、幕府と朝廷との橋渡しに十二分の力を発揮しつつ、天皇家の実質的長であった後水尾上皇の妻として上皇一族への目配りも怠らなかった。何より四天皇（明正・後光明《ごこうみよう》・後西・霊元）の「母」となったことの意味は大きい。

東福門院没後、朝廷内に多大な影響力を発揮したのは、天皇正妻の女院ではなく、東山天皇の生母松木宗子《まつのきむねこ》であった。霊元上皇の正妻新上西門院《しんじようさいもんいん》（鷹司房子）と東山天皇は上皇の考えによると見られるが、母子関係を結んでおらず、宗子が天皇生母として影響力を持つ土壌はできていた。そして、東山天皇が皇位を継承してからわずか二年、一六八九年に准三宮となり、公的にも院御所《いんのごしよ》の一女房から天皇家の一員となる。幕府からは米千俵が進上されることになった。以後、奥向きのみならず、表の人事にも口入れし、成長した天皇や関白らが苦慮する事態を生むので、その影響力は朝廷にとって負に働いたことも少なくない。ただし、宗子が活発な動きを見せるのは准后《じゆごう》時代で、院号宣下により敬法門院《けいほうもんいん》となるのは東山天皇没後の一七一一年（正徳元）である。院号宣下の契機が天皇の正妻とは異なるためで、宗子のように力を得た女性でも、これが覆ることはなかった。

その後の女院で注目されているのは、桜町天皇の正妻青綺門院《せいきもんいん》(二条舎子)である。前述したように、青綺門院は、桜町天皇の意思により後嗣の桃園《ももぞの》天皇とは実母・実子関係となった。一七五〇年(寛延三)、桜町天皇が譲位後三年で没したとき、桃園天皇はまだ十歳で、天皇を後見する役目は「実母」青綺門院に託された。また、幕府によって進められた摂家偏重とも評される朝廷体制に対する一部公家衆の不満が表に出始めた時期でもあり、摂家にとっても頼るべき存在となった。ただ、青綺門院には桜町上皇の遺志をもっとも理解しているのは自分だという自負があったと思われ、単に摂家に担がれていたのではない。もちろん、女性ゆえに自らの関与の範囲には慎重で、かつ摂家衆が常に一致団結していたわけでもないから、判断に苦慮することも多かった。

ともあれ、院(上皇)不在時の女院は、一定の条件のもとで院の持つ権能の一部を行使できる存在として、概ね受け入れられていたのではあるまいか。

†皇女の役割と待遇①——婚姻

近世の皇女と前代の皇女との大きな違いは、三割近くが婚姻(予定を含む)したことである。婚家としてまず選ばれたのは摂家であった。すでに述べた近衛前子の入内と、家康の摂家重視政策がその契機となる。摂家は禁裏小番《きんりこばん》を勤めず、摂家の娘も後宮勤めをしない。

この状況で、天皇家と摂家との婚姻が途切れると、天皇と摂家との私的なつながりは薄れる。近世の朝廷には、両者の関係を再構築する必要が生じていたのである。

一六〇四年に後陽成天皇の第三皇女女三宮《おんなさんのみや》（清子《きよこ》内親王）が鷹司家に嫁いだのを皮切りに、皇女の摂家への入輿《じゅよ》が相次いだ。結果、後陽成天皇の皇女二人、後水尾天皇の皇女四人、後西天皇の皇女一人、霊元天皇の皇女二人と、八十年余りの間に九人が摂家に入輿している。うち五人は嫡男にも恵まれ、天皇との血縁をつなぐ役割も果たした。

こうして、皇女降嫁の目的が果たされる一方で、皇女が多く誕生したため、婚家を摂家に限ると当然限界が訪れる。転換期となったのは十七世紀末の東山天皇の代であった。一六九六年、東山天皇の皇妹（霊元上皇皇女）綾宮《あやのみや》（福子《とみこ》内親王）が伏見宮家に入輿したのである。これを機に、皇女の婚姻先は親王家へと移る。それでも十八世紀までは、婚家先の第一候補は摂家だったと推測されるのだが、結果として親王家への入輿が続いた。そうしたなか、十八世紀半ばから皇子女の数は急速に減少していく。光格天皇と仁孝天皇の皇子女は誕生するものの夭折《ようせつ》が多く、皇子はともに一人しか成人しなかった。この影響なのか、仁孝天皇の皇女二人の婚家には、意図的に親王家が選ばれたようである。天皇の血統を繋ぐためには皇族の親王家でなければならなかったからである。しかし、婚約者の親王が没したり、政治的事情からともに婚姻に至らなかった。

皇女の婚姻で例外なのは天皇と婚姻した女一宮《おんないちのみや》（欣子内親王）と、将軍との婚姻が決められた八十宮《やそのみや》（吉子《よしこ》内親王）・和宮《かずのみや》（親子《ちかこ》内親王）である。天皇家本流（中御門天皇系）最後の皇女となった欣子内親王は、傍系の閑院宮家《かんいんのみや》から天皇となった光格《こうかく》天皇の正妻となることが運命づけられ、かつ後嗣となる皇子を生むことを期待された。入内から出産までに六年掛かり、誕生した皇子をわずか二カ月半で亡くすと、二人目の皇子誕生はそれから十六年後で、その皇子も六歳で失う。入内後の欣子内親王は、後嗣誕生への期待と、それが果たせない苦悩で精神的に追い詰められた時期もあった。

有名な和宮と将軍徳川家茂《いえもち》との婚姻は、当時の日本の厳しい政治事情を表す縮図であり、皇女が幕府と朝廷の政治的駆け引きの具になったといっても過言ではない。その点では、それまでの皇女と将軍との縁組話と同じ土俵で語れるものではないが、皇女と将軍との婚姻という視点のみで言えば、幕府にとっては決して非常識な話でなかったことも知っておくべきであろう。

ところで、近世以前の皇子女は誕生と同時に親王・内親王と称されるのではなく、親王宣下によって与えられるものである。婚姻した皇女の大半は内親王になっているが、当初は婚姻がその条件だったわけではなく、一六八〇年代に入って、入輿前に内親王宣下が行われる形が定着した。その他の内親王のほとんどは、女帝《じょてい》も含め未婚のまま天皇家に残った皇女たちである。

†皇女の役割と待遇②――比丘尼御所

近世に入っても、皇女の六割近くは比丘尼御所《びくにごしょ》に入寺する。尼寺は中世にかなりの盛衰があり、近世になって整備された。その過程で、十七世紀に比丘尼御所も三寺（霊鑑寺《れいかんじ》・円照寺《えんしょうじ》・林丘寺《りんきゅうじ》）創始され、十七世紀後半には序列もできてくる。その上位四寺が大聖寺《だいしょうじ》・宝鏡寺《ほうきょうじ》・曇華院《どんげいん》・光照院《こうしょういん》であった。

大聖寺は、後陽成天皇の皇女二人が続けて住持《じゅうじ》となったため、江戸時代初期から比丘尼御所第一位の座を得、その後も後水尾天皇の皇女が二代続いた。宝鏡寺が皇女の比丘尼御所となったのは後水尾院の皇女が入ってからである。曇華院は、江戸時代初期には後奈良《ごなら》院の皇女が存命で住持を勤めており、その後伏見宮家の王女をはさんで、後西院の皇女が継いで、再び皇女の比丘尼御所となった。光照院は、後陽成院の皇女、後水尾院の皇女と続くので、宝鏡寺よりも皇女の入寺が先である。序列には、寺の系譜も勘案されていて、光照院は尼五山《あまござん》の系譜を直接引いていない寺であった。

しかし、俗世での皇女の序列（長幼の順）と比丘尼御所の序列が必ずしも一致するわけではないこともあって、やがて寺格に関わる紫衣《しえ》・色衣勅許《しきえちょっきょ》問題に発展する。まず東山天皇代の大聖寺住持永秀《えいしゅう》（霊元院皇女）、宝鏡寺住持理豊《りほう》（後西院皇女）、曇華院住持聖安《しょうあん》（後西院皇女）は年齢では逆の順になり、とくに江戸時代の皇女としては初めて曇華院住持となった聖安には期するものがあったようで、紫衣勅許を願い、ついに一七〇七年（宝永四）東山天皇は聖安一代に限って認めた。

その後、中御門天皇の第一皇女が曇華院、第四皇女が宝鏡寺、第六皇女が光照院、第七皇女が大聖寺に入ることになり、一七三五年、譲位を目前にした中御門天皇は、第一皇女の曇華院聖珊《しょうさん》に二品《にほん》宣下を行う。入寺した皇女では初めてのことであった。加えて、一七四六年（延享三）、今度は譲位を翌年に控えた桜町天皇が、聖珊に色衣を勅許する。中御門天皇には嫡出の皇女がおらず、両天皇は第一皇女を厚遇する姿勢を示したものと思われる。しかし、この勅許に影響を受けたのが光照院の尊乗《そんじょう》で、一七五六年（宝暦六）、桃園天皇から一代限りの色衣勅許を得る。こうして、大聖寺・宝鏡寺が紫衣、曇華院・光照院が色衣という異例の厚遇が同時期に実現した。さらに、一七八一年、尊乗は妹である大聖寺の永《えい》皎《こう》とともに二品に叙せられる（宝鏡寺の理秀《りしゅう》はすでに没していた）。

ただ、永皎が一八〇八年（文化五）に没すると、皇女の比丘尼御所はなくなる。時の光格天皇は、寛政・文化年間に誕生した皇女たち（二、三歳で没）を相続させることはしなかったが、文政年間に入ると、一、二歳で、比丘尼御所の序列順に相続させる道を選んだ。

とはいえ、いずれも早世したため、皇女の比丘尼御所は途絶えたまま明治維新を迎える。

ちなみに、江戸時代、皇女に品位《ほんい》が与えられるのは特例である。その最初は、後光明天皇唯一の遺児孝子《たかこ》内親王で一品であった。これに倣ったと見られるのが、桜町天皇第二皇女の智子《としこ》内親王（のち後桜町《ごさくらまち》天皇）で、あとは仁孝天皇皇女で桂宮《かつらのみや》当主となった淑子《すみこ》内親王だけである。二品も前述の三人以外は、霊元天皇の皇女で徳川家継の婚約者だった吉子内親王と、桜町天皇の第一皇女盛子《もりこ》内親王だけで、二人は没時に与えられている。

†勤仕する公家の女性

摂家の娘は後宮勤めをしないと述べたが、天皇に仕える女官（禁裏の女官）のうち、典侍《ないしのすけ》と掌侍《ないしのじょう》は堂上《とうしょう》公家の娘である。公家の家格でいうと、羽林家《うりんけ》・名家《めいか》出身者が多い。定年がないので、出仕すれば、生涯独身となるのが一般的である。もちろん、彼女たちには皇子女を出産する可能性があったが、出産しても女官であることに変わりなく、武家社会に見られるような側室という概念は当てはまらない。

十七世紀半ば頃までは典侍の上に「上臈《じょうろう》」が存在した時期があったものの、任じられなくなると、典侍の上首大典侍《じょうしゅだいすけ》が禁裏女官全体の筆頭者となる。掌侍の上首である勾当内侍《こうとうのないし》（長橋局）は、口向《くちむき》（朝廷の経理・総務業務を掌る）の取締りを担う重職でもあり、大典侍と勾当内侍は天皇が交替しても禁裏に残留するとされているが、十八世紀初頭までは勾当内侍が皇子女を儲けることもあり、大典侍ともども院御所に異動する例も見られる。

とはいえ、江戸時代の朝廷運営において奥の果たす役割は大きい。表・口向・奥が連携していたためで、大典侍・勾当内侍らには奥を統率するだけでなく、時には表とも渡り合えるだけの能力が求められた。そのため、諸事情から若年でその任に就いたり、天皇はもちろん、他の女官らの信頼を得られないと、奥に混乱が生じることもあった。典侍や掌侍の昇任は、基本的には出仕順による順送りであるが、天皇が譲位前に人分けをする際など、意図的に異動を行う例も確認できる。

たとえば、霊元天皇は、病死によって空いた大典侍に、次席の典侍を昇任させず、後西院御所に仕えていた東宮《とうぐう》（東山天皇）の外伯母山小路《やまのこうじ》（松木宗条《むねえだ》の娘）を据えた。中御門天皇は、勾当内侍を勤めていた高野保子《やすこ》を典侍に昇進させて、次の桜町天皇代の大典侍に据えており、信頼の高さを窺わせる。桜町天皇の場合は、譲位前日に東宮（桃園天皇）の生母である新宰相典侍《しんさいしょうのすけ》（姉小路定子《あねのこうじさだこ》）をあえて大典侍にして、桃園天皇の奥向の総取締りに当たらせた。

ところで、多岐にわたる職務を担う勾当内侍には、大御乳人《おおおちのひと》という補佐がいる。大御乳人は一天皇に一人のみで、交替はない。その出自は地下《じげ》や社家《しゃけ》で、堂上公家より身分は一段低いが、後宮も公家の娘のほか、こうした女性たちによって支えられていた。

さらに詳しく知るための参考文献

藤井譲治『天皇の歴史05　天皇と天下人』(講談社、二〇一一/講談社学術文庫、二〇一八)……織田信長、豊臣秀吉、徳川家康と続く天下人と同時代の天皇との駆け引きなどから、天下統一における天皇の役割を明らかにしている。

藤田覚『天皇の歴史06　江戸時代の天皇』(講談社、二〇一一/講談社学術文庫、二〇一八)……政治的には無力と見られていた江戸時代の天皇が、なぜ幕末政争のなかでクローズアップされたのか、そこに至るまでの各天皇の行動を明らかにする。

久保貴子『徳川和子』(人物叢書、吉川弘文館、二〇〇八)……後水尾天皇の中宮で明正天皇らの母となった将軍の娘和子の一生を紐解く。

辻ミチ子『和宮』(ミネルヴァ日本評伝選、ミネルヴァ書房、二〇〇八)……本講で解説できなかった将軍御台所の仁孝天皇皇女和宮の生涯を描いたもの。

第4講

「四つの口」――長崎の女性

松井洋子

†江戸幕府の対外政策

徳川政権にとって、戦国大名の一つから脱却し、全国の支配者の立場を確固たるものにするためには、外交権・交易権の掌握が重要であった。武器や、権威を強化する海外の贅沢品の入手といった軍事的・経済的側面はもとより、国を代表する形で外国と関係を持つことで、相手に権力者として承認され、国内においても支配の正当性を強化することがめざされた。徳川家康は、一五九九年（慶長四）から一六〇七年にかけて、フィリピン・ベトナム・カンボジア・パタニ・シャムなどの国王に書簡を送り、日本国内の戦乱を平定したことを告げ、異国渡海朱印状を持参した朱印船との交易、それ以外の船との交易禁止を求めた。これは、求められていた海賊取り締まりを実現する方策でもあった。また、日本に来航する船にも来航許可の朱印状を与え、安全を保障した。

キリスト教は禁止しつつ貿易は続けようとする姿勢は、当初は豊臣政権と大きく変わるところがなかったが、幕府はしだいに、キリシタン取り締まりを口実に、大名や寺社への統制を強めてゆく。豊臣氏滅亡の翌一六一六年(元和二)、大名領内のキリシタン取り締まり強化を命じるとともに、ポルトガル船の貿易地を長崎に、イギリス・オランダ船との貿易地を平戸に限定した。宣教師の追放・支配層への棄教強制から、一般民衆への棄教強制も始まり、京都や長崎などでキリシタンの処刑が行なわれた。

一方、朱印船の貿易、その寄港地での日本人の活動は、現地の人々や貿易のライバルとなる中国人・ポルトガル人・オランダ人などとの紛争の可能性を増す。一六二〇年代には、海外での朱印船や日本来航船への攻撃等、朱印状を発給した将軍の権威に関わる事態が発生した。「武威」をその権力の正当性の根拠とする軍事政権としては、現実問題として武力で脅威を排除しうる範囲を、支配の及ぶ領域として限定的に規定する必要が生じていた。

一六三〇年代、寛永期のいわゆる「鎖国令」とされる諸令は、キリスト教の厳禁と紛争回避のため、日本人の海外渡航と帰国を禁じ、最終的にはポルトガル船の来航禁止に至った。結果的にはこの時期に近世の対外関係の法的枠組みがほぼ定まったことは確かである。

キリスト教布教への警戒からポルトガル船での来航者を市中から隔離するため、長崎では出島が築造されたが、隔離して来航を継続させる方針は島原の乱を転機に変更された。一六三九年、ポルトガル船の来航は禁じられ、一六四一年にはオランダ人が出島へ移転を命じられた。

†「異国人」と「日本人」

寛永期の諸令は、「内」と「外」、「内」に属する「日本人」とそうでない「異国人」を明確に区別することも伴った。家を構え一定期間日本に住み着いている者を、日本の法の及ぶ「日本人」としたと考えられる。キリスト教徒でないことも、「日本人」の要件であった。

長崎でも一六一四年（慶長十九）には幕府の指示により教会破壊、キリシタンの弾圧が開始され、棄教強制のピークは、一六二〇年代後半から三〇年代前半であったとされる。住み着くことと密接にかかわる男女関係、家族の形成についても、異国人の家族の国内からの排除を命じている。この処置は、カトリックの教義を広める宣教師と一体のものとみなされていた「南蛮人」（ポルトガル人）のみでなく、プロテスタントのオランダ人、キリスト教徒でない「唐人《とうじん》」（中国人）にも適用され、日本で子を持つことが禁じられ、子供は母とともに父に従って国外へ追放された。また、平戸・長崎に居住する唐人とオランダ人は、妻子とともに帰国するか永住するかの選択を迫られた。帰国する者は以後商売のための一時渡航しか認められなくなる。新たな男女関係、家族の形成を阻止すべく、オランダ人や唐人と日本人女性との接触が厳しく禁じられた。例外とされたのは、家族を作らない相手、遊女（売春婦）であった。

キリスト教布教との直接の関連は薄い唐人やオランダ人についても、妻子追放が行なわれたのは、人についてもその支配の及ぶ「日本人」の範囲を明らかにすべく、日本に住み着く「異国人」やその家族という両属的・中間的な存在を排除するためであったと考えられる。近代の「国籍」や「国民」とは異なる形で、この時期に形成された「内」と「外」の区別が、その後の近世社会の特質を形作っていくのであろう。

†「鎖国」ということば

研究者の間では、「鎖国」という用語は、文字通り国を閉ざし、対外関係や外来文化の受容を一切拒絶した状態を指すものではなく、対外関係のあり方を含む国家体制を示す概念として広く用いられてきた。岩生《いわお》成一氏が一九六〇年代に発表した「鎖国」と題する二編が、ヨーロッパ勢力への対応を強調するのに対し、一九七〇年代、朝尾直弘氏、田中健夫氏、ロナルド・トビ氏らによって、東アジアの国際秩序とその変動の中で、日本の近世国家のあり方を見てゆくべきだという議論が出てくる。一九八〇年代、「鎖国」に代わる近世の対外関係を表す概念として、東アジアに共通する、「海禁」（領民の私的海外渡航や海上交易の禁止）と「華夷《かい》秩序」（文化の中心「華」と周縁「夷」の上下関係で国際秩序を捉える中国の伝統的な概念を日本中心に置き換えたもの）を提唱した荒野泰典氏の提起は、「鎖国」という用語自体を見直すことも含め、大きな議論を呼んだ。中国・オランダに対する長崎に加え、朝鮮に対する対馬、琉球に対する薩摩、アイヌに対する松前を対外関係の場、「口」と捉えて、その編成を統一的に理解しようとするのが、荒野氏の提起のもう一つの柱、「四つの口」という考え方である。

このころから、この用語のはらむ問題を認識している、という符号のように、「鎖国」とかっこを付けたり、「いわゆる鎖国」という言い方をする研究者が多くなっている。いくつもの考え方や評価がこの言葉に込められて使われてきたために、「鎖国」という概念の定義は簡単ではなく、何か別の語に置き換えてすむというものではない。史実の解明とともに、この言葉で語られてきたことを言説として分析する必要も指摘されている。

†「四つの口」

東アジアを視野に入れることで、朝鮮・琉球・蝦夷《えぞ》地との関係についての研究は大きく進んだ。宗《そう》氏、島津氏、松前氏は、中世以来伝統的に持っていた特定の相手との関係の継続を、徳川政権に臣従《しんじゅう》することで保障された。異民族・異国への「押え」の軍役として交渉業務を担い、貿易利益の独占を認められることは、大名の果たす軍役に対し知行が与えられるという、幕府と藩の関係の編成原理の中で理解することができる。貿易実務が町人の「役」として担われている直轄都市である長崎においても、「役」と反対給付という仕組みは同様である。海外からの使節は、海外に及ぶ将軍の威光に服する「御礼の使者」として演出された。

豊臣秀吉の死後、日朝関係の回復のために奔走したのは、貿易再開を望む宗氏であった。朝鮮との関係は、将軍に対し朝鮮国王から使節が送られる形で実現し、十二回の派遣があったが、幕府側が使節を送ることはなかった。使節は江戸城(二回目は伏見城)で将軍の謁《えっ》見《けん》を受けたが、一八一一年(文化八)には対馬で将軍の使者が応接し、これが使節の最後となった。外交儀礼上は江戸幕府と朝鮮王朝は対等とされた。使節の案内や朝鮮との連絡をすべて取り仕切る宗氏は、毎年船を送って釜山の倭館《わかん》で交易を行なっていた。十七世紀には、銀を輸出し、中国産の生糸《きいと》や朝鮮人参などを輸入していたが、十八世紀には次第に貿易は衰退し、幕府の補助を次々願い出ている。朝鮮との関係を維持させたいため、幕府は宗氏の要求に可能な限り応えていた。

幕府は、琉球の仲介を得て明との関係を回復しようと考えたが、明側の警戒感は強く、成功しなかった。一六〇九年、薩摩は幕府の許可を得て琉球王国を征服する。その後も王府にある程度の独立性を認める形をとった。琉球が中国に朝貢《ちょうこう》するという関係を維持しなければ、貿易は存続しないためである。一方で琉球は、将軍の代替わりを祝う「慶賀使《けいがし》」や国王代替わりの「謝恩使《しゃおんし》」を派遣しており、幕府はそれを「異国の使節」として扱った。

松前氏は、アイヌとの交易管理権を保障され、家臣に対してその権利を知行として分与していた。家臣たちは次第に与えられた商場《あきないば》の経営を商人に委託するようになる。この「場所請負制《うけおいせい》」のもとで、アイヌとの交易に加え、漁業経営が行なわれ、長崎貿易や琉球貿易での中国向けの輸出海産物の中心的産地となった。長崎を含めた四つの口は、それぞれに中国市場とつながっていた。

†外来者・移住者の町から「長崎口へ」

長崎が港町として成立したのは一五七〇年代、ポルトガル船の入港地としてであった。当時の長崎は、大村氏の家臣の長崎甚左衛門純景《じんざえもんすみかげ》の領地で、集落は居城を囲む高台にあり、海岸付近は小さな漁村に過ぎなかった。ポルトガル人は、大型船の入港にも適したこの深い湾を一五七〇年（元亀《げんき》元）に測量し、キリシタン大名大村純忠《すみただ》の許可を得、港を開いた。

翌年には町割りが行なわれ、最初の六町が成立した。一五八〇年（天正八）、大村純忠によってイエズス会へ寄進され、名実ともにポルトガル貿易とキリシタンの町となったが、一五八七年、豊臣秀吉は伴天連《バテレン》追放令を出すとともに、長崎をイエズス会から没収し、直轄化した。

その後長崎は徳川政権の直轄地として引き継がれた。ポルトガル船、スペイン船、中国のジャンク船で来る外来の滞在者、貿易の利益を求める国内各地の商人たち、そして生活物資や労働力などの供給に稼ぎの場を見出す人々によって、長崎の市中は、急速に拡大し、文禄期には内町《うちまち》二十三町が地子《じし》免許を受けた。さらにその周辺に外町《そとまち》ができ、元和《げんな》期には四十町に及んだ。一六〇〇年のオランダ船リーフデ号の豊後《ぶんご》漂着を契機に、オランダ・イギリスの東インド会社が商館設置を許された平戸も、長崎との関係抜きには成り立たなかった。

一六三四年（寛永十一）、オランダ東インド会社平戸商館が長崎に派遣した駐在員、ウィレム・フルステーヘンは、当初、長崎の海沿いの五島町の薬屋五郎作の家を宿とし、その後小柳道栄という商人の家に移る。彼は、リーフデ号で日本にやって来て以来長崎を拠点としていたメルヒオール・ファン・サントフォールトや、マニラ航路のスペイン船の乗組員であったというフィンセント・ロメイン等、長崎在住の人々の助けを借り、ポルトガル船、中国・東南アジア方面からのジャンク船の来航状況や積荷とその販売価格といった情報を商館に伝え、また取引の交渉もしている。商館の指示で、資金が不足すれば、上方から来る商人からの借り入れを画策し、船員を確保するため、ジャンク船に乗り組んでいるヨーロッパ系の航海士などをスカウトすることもあった。銀の精錬については中国系の業者と交渉している（「日本商館文書」）。日本人、オランダ人、中国人、といった民族ごとではなく、必要な相手と交渉し、取引し、情報を交換する。長崎はそんな、世界各地の港町に共通するような、外来者・移住者が交錯する場所だった。

外に開かれた町は、寛永期に「長崎口」へと大きく変わることになる。長崎は、オランダ船と中国船の入港地とされたが、両国とは使者の来る「通信」の関係はなく、民間の貿易（「通商」）のみが行なわれた。一方、直轄都市長崎に江戸から派遣される長崎奉行は、幕府の出先として、対外関係の全体を統括する責任を負った。各地に流れ着いた漂流民も、必ず長崎経由で送還された。長崎での輸入品は、中国船もオランダ船も、十七世紀には中国産の生糸や絹織物だった。十八世紀には、薬品類やインドや東南アジアの綿織物、砂糖が増えてくる。輸出品は金・銀、のちには銅が中心だった。十七世紀後半には、貴金属の流出を防ぐため、輸入品の価格抑制と貿易総額の抑制を目指す何度かの貿易制度の改革が行なわれた。その集大成が正徳新例《しょうとくしんれい》で、以後の貿易は、長崎会所が輸出入と町の財政を一括管理する管理貿易体制となり、貿易利益の配分によって町は存続することになる。

†人の移動と女性

船でやって来る外来者たちの多くは男性であった。彼等の中には、日本人の女性と結婚、あるいは同棲する者も見られた。平戸イギリス商館の商館長リチャード・コックスの日記の中には、外来の男性の「妻」「愛人」「妾」「侍女」「召使い」「奴隷」などとなる日本人女性たちが出てくる(『イギリス商館長日記』)。彼女たちの中には、食品や日用品の調達、使用人の世話、来客の接待、贈答のやり取りなど「主婦」として家事・家政を行なう役割を果たす者もいた。同じ時期の東南アジアの社会では、現地有力者に斡旋された女性が、外来者と現地社会を仲介する役割を担ったことも指摘されている。平戸や長崎においても、そうした女性の役割を垣間見ることができよう。サントフォールトやロメインの妻も日本人であったし、フルステーヘンは、サントフォールトの娘と結婚した。一方で、日本人との間、また商館員同士で、年季で売り買いされる女性もあれば、金銭を媒介とする一時的性的関係も存在した。

朱印船での渡航や、傭兵《ようへい》・奴隷などとして、また南蛮人妻子の追放により、海の外へ出てゆく人々もあった。中国沿岸や東南アジアの港町のいくつかには、「日本町」ができ、現地で家族を形成する女性たちもいた。新たな海外渡航と帰国が不可能になると、日本人コミュニティは次第に現地社会の中に埋もれていくが、「日本恋しや」と嘆くばかりではなく、多民族社会を逞しく生き抜く人々が確かに存在した（岩生一九六六、一九八七）。

†長崎の遊廓と遊女

長崎の遊女屋の先祖たちは、十七世紀初め頃、各地から来た。当時の長崎では珍しくキリシタンではない彼等は、キリシタンの探索・捕縛《ほばく》に協力し、処刑時の警備や磔《はりつけ》木や獄《ごく》門《もん》台の提供などで奉公することで、奉行所に取り入り、「元来日本宗旨」の者として、出島の異国人に対しても「傾城《けいせい》女（遊女）商売」を許されたという（「丸山町・寄合《よりあい》町両町由緒書」）。当初はいくつかの町にあった遊女屋が、一六四一～二年頃に、当時街はずれであった現在の位置に移転・集住を命じられ、丸山町・寄合町となった。同じ時期に、オランダ人が滞在する出島の入り口に、「傾城之他女人入事」の禁止が掲示され、異国人に遊女を派遣するのは、両町の遊女屋の特権となった。

丸山町・寄合町の外周は、崖と塀に囲まれ、入り口に二重の大門が、背後にも門が設けられていた。しかし、江戸や大坂・京都では、遊廓以外のところに遊女が出かけて商売をする「町売」が禁止されてからも、長崎では、遊女たちは外出を許されていた。出島や唐人たちの宿泊する町宿、後には唐人屋敷への派遣が、長崎の遊廓の主たる稼ぎとなっていたことも一因であろう。商売ばかりでなく、神社仏閣への参詣や墓参り・法事・親の病気見舞いなど、日常的な外出が行なわれている。

長崎の対外貿易がもっとも活況を呈したのは十七世紀であり、市中全体の人口も、元禄期の六万四千人余りがピークとされ、十八世紀前半には半減し、以後幕末に至るまで三万人程の横ばいである。遊女の数も、十七世紀後半には八百余人（『色道大鏡《しきどうおおかがみ》』）と言われるが、十八世紀以降は、両町合わせて遊女屋が二十から三十軒、遊女が四百〜五百人と推計される。

長崎の遊女は、多くが市中あるいは周辺地域の出身者だった。外出の自由もあり、身売りによって親元との縁が切れるのではなく、その後も遊女になった娘に家族が吸着し続けている様子がみえる。遊女奉公を終えた娘が元いた町に戻るのも普通のことであり、下層の娘たちにとっては奉公の一形態であったともいえよう。

延宝版『長崎土産』という一六八一年刊行の遊女評判記には、「日本行《ゆき》」「唐人行」「阿蘭陀行」という区別があり、「日本行」の遊女がもっとも高級であることが事細かに書かれており、長崎の遊廓を語る際には皆それを引用してきた。しかし、十八世紀以降の寄合町の記録類にはそれに言及するものはなく、実質的な意味を持つ区分とは考えにくい。遊女たちが異国人より日本人の相手をしたいはずだというのも、書き手・読み手の日本の男たちの願望に過ぎないだろう。

†「売春社会」近世日本

売買春は、地域的にも歴史的にも普遍的なものとみなされがちであるが、一九八〇年代以降の女性史研究の中で、その歴史性が明らかにされてきた。日本における売買春の成立は、一対一の配偶関係が双方の気の向く間だけ続く緩やかな「対偶婚」から、排他的・持続的・制度的な一夫一婦の「単婚」へと婚姻制度が変化した十~十一世紀頃とされる。中

「唐館交加遊女之図」(長崎古版画、大和屋版、長崎歴史文化博物館所蔵)

世の「遊女」は芸能者と売春婦の両側面を持ち、集団を形成し比較的自律的な生活を営んでいたが、近世の売買春に関わる女性たちの状況はそれとは大きく異なってくる。

近世には、吉原の遊女、宿場の飯盛女《めしもりおんな》、街頭に立つ夜鷹《よたか》、と売春の形態が多様化し、売り手・買い手ともに範囲が広がり、女性の身体が商品として売り買いされるようになる、「売春の大衆化」（曽根二〇〇三）が進む。

幕府は、江戸の新吉原をはじめ三都に、売春を業とする遊女屋を集めた遊廓を公認し、宿場町の旅籠屋《はたごや》・茶屋などにも「飯盛女」「茶立女《ちゃたておんな》」などの名称で、売春営業を認めていた。藩の中にも、城下町などに遊廓を公認するところがあった。一方、これらに属さない売春営業は厳しく禁止されていた。長崎の丸山町・寄合町も幕府公認の遊廓だった。

遊女や飯盛女たちは、人身売買に近い年季奉公契約で、奉公人として遊女屋や旅籠屋に隷属しており（牧英正『近世日本の人身売買の系譜』創文社、一九七〇）、必ずしも「芸能」を求められることはなく、性行為そのものに代価が支払われた。貧困を理由に遊女屋に身を売ることは、やむを得ない場合の選択肢の一つと考えられており、遊女になって親を助けることは親孝行として褒賞《ほうしょう》されることもあった。一方、男性にとって買春は、隠したり恥じたりすることもなく、公然と行なわれ、語られる遊興《ゆうきょう》の一つとなっていた。

商売としても労働の場としても遊興としても、売買春が存在を認められ、社会構造の中に位置づけを得ている、そうした意味で日本近世は「売春社会」であったといえる。

異国人と遊女

年に二隻のオランダ船には、それぞれ百名近い乗組員がいたが、その全員が出島に滞在したわけではなく、水夫たちは船の上で過ごしていた。船が去った後に島に残るのは十数人ほどだった。一方、中国船の場合は、三、四十人から百人の乗員が全員唐人屋敷に入った。寄合町の町乙名《まちおとな》が付けていた記録「諸事書上控帳」に記されたオランダ人・唐人への遊女の売上高を見ると、中国船の船頭やオランダ商館長はじめ比較的上級の滞在者のところには、馴染みの遊女が居続けていたことがわかる。中国船での来航者の中には遊興目的の旅客も混じっていたという。

遊女たちは、要望に応じて出島や唐人屋敷に何日も居続けることが可能だったが、遊女を仲介とした密貿易を警戒して、門の出入りは厳しく監視されていた。遊女の出入りには、遊女町の役人と出島・唐人屋敷の役人による書類作成や出入りの改めなどの手続きが必要だった。小さな贈物をもらっても必ず届け出る決まりであった。

遊女との遊興費は、オランダ人の場合には、一年間の全員分がまとめて長崎会所を通して両町に支払われ、各遊女屋に売り高に応じて割り渡された。オランダ商館と長崎会所の間では、「遣い捨て」と呼ばれる、滞在中に必要な日用品やサービスの代価をまとめた費目に含まれ、輸入品に対する支払い額から差し引かれる形となる。遊女を売ることも取引の一環だった。

決まった価格のほかに、異国人たちは馴染みの遊女にかなりの贈物をするのが常だった。反物や装飾品もあるが、最も多いのは砂糖である。当時長崎では、砂糖は日雇労働者へのほうびなどにも用いられ、転売できる一種の貨幣のような側面を持っていた。遊女たちのもらう砂糖は、長崎会所を通じて転売され、代銀が遊女町の役人経由で支払われる。遊女の手にどれだけが渡るかは明らかではないが、収入になっていたことは間違いない。

長崎の遊女たちは、異国人との間の子を産むことも許されていた。父親が認知して養育のために砂糖を送る事例が記録されているが、認知されない場合、また父親が去った後、子供たちがどうなったのかは、ほとんど知ることができない。

「長崎においては遊女なくては、只今の三つが一つも栄えまじ」と延宝版『長崎土産』がいうように、彼女たちは貿易都市長崎の不可欠の要素となっていた。

異文化の接する境界の場において女性が持ち得た、外来者と現地社会の縁を作り保つ役割は、強固な管理と制限を伴う幕府の対外政策と、売買春を許容する社会構造のもとで、長崎では、売春というゆがんだ形でのみ残存することになったわけである。

さらに詳しく知るための参考文献

岩生成一「鎖国」(『岩波講座日本歴史10』近世2、一九六三)、『日本の歴史一四　鎖国』(中央公論社、一九六六)……その後の鎖国研究の出発点となった。『新版朱印船貿易史の研究』(吉川弘文館、一九八五)、『南洋日本町の研究』(岩波書店、一九六六)、『続南洋日本町の研究』(同、一九八七)は戦前から主に外国語史料を活用しつつ進めてきた岩生氏の重厚な実証研究。

荒野泰典編『日本の時代史14　江戸幕府と東アジア』(吉川弘文館、二〇〇三)……序章は、著書『近世日本と東アジア』(東京大学出版会、一九八八)に示された荒野氏の考え方を展開する。同シリーズは豊見山和行編『琉球・沖縄史の世界』(十八巻)、菊地勇夫編『蝦夷島と北方世界』(十九巻)を含め、対外関係を重視した構成になっている。荒野泰典・石井正敏・村井章介編『日本の対外関係』全七巻(吉川弘文館、二〇一〇〜二〇一三)はその発展形で、世界の中の日本を考える論文がそろっている。研究史を踏まえた近世の対外関係の概説としては杉森哲也編『大学の日本史3　近世』(山川出版社、二〇一六)の六〜八章(鶴田啓氏執筆)がわかりやすい。

曽根ひろみ『娼婦と近世社会』(吉川弘文館、二〇〇三)……近世の売買春を正面から研究対象とした画期的著作。佐賀朝・吉田伸之編『シリーズ遊廓社会1　三都と地方都市』、『2　近世から近代へ』(吉川弘文館、二〇一三、二〇一四)……都市論・身分論的視点から遊廓社会像を描く。長崎の遊女については古賀十二郎『丸山遊女と唐紅毛人』前編・後編(長崎文献社、一九六八〜一九六九)が古典的大著。

水井万里子ほか編『女性から描く世界史——17〜20世紀への新しいアプローチ』(勉誠出版、二〇一六)……日本史という狭い枠組みの中に女性を組み込むのではなく、世界史的視野で歴史の中の女性のあり方を考えるうえで、多くのヒントを与えてくれる。

コラム1 「鎖国」と「鎖国令」

松井洋子

岩生成一氏の整理以来、①寛永十年(一六三三)二月二十八日の十七カ条(奉書船以外の日本人の海外往来禁止・キリスト教の禁止・外船貿易の取り締まり)、②寛永十一年五月二十八日の十七カ条(ほぼ①と同じ)、③寛永十二年五月二十八日の十七カ条(日本人の海外渡航と海外在住日本人の帰国禁止)、④寛永十三年五月十九日の十九カ条(日本人とポルトガル人との混血児を海外に追放)、⑤寛永十六年七月五日の三カ条(ポルトガル船の来航禁止)を、五次にわたる「寛永の鎖国令」と呼び、一連の法令により段階的に「鎖国」体制が完成した、とするのが通説となってきた。しかし、その後の研究で、①から④は長崎に向かう奉行に任務の方針を示した命令書(下知状《げちじょう》)であり、全文が公にされることはなく、奉行が必要な部分を関係する大名や町、オランダ人などに伝達するに過ぎなかったこと、各令はその時々に直面した状況への個別の対応であり、当初より予定された「鎖国」政策の段階的実現ではないことが指摘されている(山本博文『鎖国と海禁の時代』校倉書房、一九九五)。

「鎖国」という言葉が初めて使われたのは、一八〇一年、志筑《しづき》忠雄がケンペルの著作を翻訳する際であった。同じころ、日本近海に外国船が相次いで出現するようになり、幕府は、新たに外国との関係を結ばないことが「祖法」である、と認識するようになる。「鎖国」という言葉が実際に多用されるのは、明治時代になってからのことであり、「開国」以降と対置される形で、江戸時代の対外関係を示す概念として定着したのである。

第5講

村と女性

吉田ゆり子

士農工商と女性

江戸時代は、士農工商の身分制から成る社会といわれる。それぞれの身分には、社会的役割が存在し、その役割に応じた「家業」＝職分を果たすことで、社会に必要な存在として位置づけられると考えられていた。福岡藩に仕える儒者で本草家《ほんぞうか》でもある貝原益軒《えきけん》（一六三〇〜一七一四）が、子供の教育書として親たちに向けて書いた『和俗童子訓《わぞくどうじくん》』（一七一〇年〈宝永七〉成立、岩波文庫）の巻一・二「総論」には、「士農工商」（四民《しみん》）の子供が受けるべき教育の大綱が示されている。まず、「四民ともに、其子のいとけなきより、父兄・君長につかふる礼儀・作法をおしえ、聖教をよましめ、仁義の道理をやうやくさとしむべし、是根本をつとむる也、次に、ものかき・算数を習はしむべし」と、四民ともに、まず礼儀・作法、仁義の道理を幼少から教え諭すこと、つまり学問が肝要であるとし、次に読み書きそろばんという技能を身につけさせることの必要性を唱える。その上で、武士の子には「学問のひまに弓馬、剣戟《けんげき》、拳法《やわらほう》などならはしむべし（中略）学問は本《もと》なり、芸能は末なり」と、学問を基本とし、合間に武芸（「芸能」）をならうべきとする。これに対し、農工商の子には「いとけなき時より、只、物かき・算数をのみをしえて、其家業を専にしらしむべし」と、学問より技能を身につけ、「家業」に専念することが大切とされている。また益軒は、『養生訓』巻一の中でも、「農工商は、各々其家のことわざ（事業）をおこたらずして、朝夕よくつとむべし」と述べている。

このように、政治と軍事を担い統治者となる武士に対し、モノを生産・流通させ、社会の基盤を成す農工商とでは、人間として必要とされる知識と技能に隔たりがあった。とはいえ、ここで念頭に置かれているのは、男性（男子）であった。益軒が『養生訓』の同じ箇所で述べるには、「婦女はことに内に居て、気、鬱滞《うったい》しやすく、病生じやすければ、わざをつとめて、身を労働すべし。富貴の女も、おや・しうと・夫によくつかへてやしなひ、おりぬひ、うみつむぎ、食品をよく調るを以《もって》職分として、子をよくそだて、つねに安坐すべからず」と、士農工商の「四民」に対して、女性は一括して「婦女は」と論じる。「婦女」は「内」にいることを前提とし、その職分＝「わざ（業）」は、「親・舅姑《しゆうと》・夫に仕え養い、おり《織》・ぬい《縫》・うみ《紡》・つむぎ《積》・食品をととのえ、子をそだて」ることだという。つまり、「外」の社会を構成する士農工商は男性で、女性は身分の別なく「内」で女性の職分を務めることが求められていたのである。

こうした考えは、『和俗童子訓』巻五「教女子法《じよしをおしゆるほう》」において、さらに具体的に展開されている。女子にはまず「女徳」＝「和順」を教え、次に「婦人の職分」を教えることが必要であると述べる。すなわち「婦人の職分」とは、「舅姑のために衣をぬひ、食をととのへ、わが家にては、夫につかへてたかぶらず、みづからきぬ（衣）をたたみ、蓆《むしろ》をはは（掃）き、食をととのへ、うみ・つむぎ・ぬい物をし、子をそだてて、けがれをあらひ」と、舅姑と夫のために、下女より率先して、衣類と食事を整え、子を育て、洗濯することを「職分」というのである（吉田ゆり子『近世の家と女性』）。

貝原益軒の書物は、江戸時代に広く読まれたばかりでなく、「教女子法」は大坂の書林により改編・編集され、『女大学宝箱《おんなだいがくたからばこ》』の中に「女大学」として収録・刊行（一七一六年〔享保元〕）され、江戸時代を通じて、身分を問わず多くの女性の心得として読まれることになった。また、徳川吉宗が庶民強化のために寺子屋に配らせたといわれる『六諭《りくゆ》衍義《えんぎ》大《たい》意《い》』にも、人にはそれぞれ「我に当りたる職分をつとめば、をのづから家に当りたる衣食ありて、一生安穏にしてくらすべし」と、それぞれの「職分」を務めるべきことがうたわれており、「農人は、耕作をつとめておほやけの年貢をかかさず」と、耕作と年貢の納入を「職分」とする。また、「家」を繁栄させるためには子孫の教育が必要といい、「在家」の男子も「常に学文をさせて、聖賢の道をしらしむべし」といい、女子には「縫針の事を教るはいふに及ばず、ただ平生柔和を本として何事も穏便に貞信なるやうにと教訓すべし」と述べられており、益軒と同様の教えが、庶民教育の場で広められていたのである。

†百姓の暮らしと女性

それでは、「農」（百姓）の女性は、実際どのような生活を送っていたのであろうか。

江戸時代の百姓の生業は、農業のみならず、林業、漁業などで、実際には米を生産していなくとも、土地の生産力を米の収穫量で示した石高《こくだか》にみあった年貢・諸役を納めることが求められた。さらに、百姓は単独で生活していたのではなく、居住する「村」に対して村役を果たすことで、村の保護も受けることができた。領主も、個々の百姓を個人で支配したのではなく、村を単位に、年貢の賦課や徴収、治安や人の移動の管理も行った。十七世紀前期、いまだ生産も安定しない中、寛永の飢饉にみまわれた農村に対し、幕府は繰返し「壱人身《ひとりみ》の百姓煩い紛なく、耕作成り兼候時は、五人組は申すに及ばず、其一村として相互に助け合い、田畑仕付け、年貢収納せしめ候様に仕るべき事」（寛永二十年三月「在々御仕置之儀ニ付御書付」『徳川禁令考』前集第五・二七八六号）と、他に働き手のいない百姓が病気になり耕作できない状況に陥った場合には、五人組はいうまでもなく、村として相互に助け合って、年貢を収納するようにせよ、と触れを出している。

一六八〇年代に遠江国《とおとうみのくに》横須賀藩の村役人層が記したと推定されている『百姓伝記』巻二「五常之巻」（岩波文庫）にも、「土民も御公儀の御役義御用の儀を大切に仕《つかまつり》、親・兄弟に真実をつくし、妻子・家子に至るまで、我身よりかわゆく、誠をなし、仏神を信じ奉り、悪心毛頭なきを信者と云也」と、百姓の「家」の存続の心構えを五常（仁義礼智信）から論ずるなかで、「同村友百姓のいひかはす事を少もたがへず、他の田畑の畔をかすめず」と、村の掟を侵さず、他の百姓の田畑を侵害しないことが「儀」として大切であると述べている。

ここでいう百姓とは、検地帳に登録された田畑屋敷地を自らの名義の土地（名請地《なうけち》）とし、その土地に懸かる年貢・諸役を負担する一方で、他の百姓とともに農業に必要な用水や、肥料や燃料に必要な薪や下草を取得するための入会地を共同で管理・利用する、一軒前の権利と義務を持つ本百姓といわれるものをいう。本百姓は、村の寄合《よりあい》に出席して村運営に関わり、村役人の「入《い》れ札《ふだ》」（選挙）でも、一票の投票権をもっていたのである。

こうした本百姓は、十七世紀には、夫婦を核とする直系家族に加えて、単身の下人や下女を複数抱え、さらに家族を構成しているものの独立した百姓ではない門屋《かどや》や被官《ひかん》と呼ばれる隷属的な農民を従える、大規模な経営体をなす者もあった。また、十八世紀以降は、大規模な所持耕地を家族労働だけではなく小作人に耕作させる、大規模な経営を行う地主も存在した。ただ、日本のように国土の七割近くを山林が占める土地柄では、一組の夫婦と平均二、三人の子供、それに夫の父母が加わる直系家族が、所持する耕地を家族労働で耕す程度の小経営であることが基本であった。

†小経営の百姓と女性の役割

長く日本史教科書で、「慶安御触書《けいあんのおふれがき》」と呼ばれてきた一六四九年（慶安二）二月二十六日付の「諸国郷村江被仰出《しょこくごうそんえおおせいださる》」（『徳川禁令考』前集第五・二七八九号）は、一六九七年（元禄十）に甲府藩が発布した「百姓身持之覚書《ひやくしようみもちのおぼえがき》」三十二カ条を、十九世紀半ばに幕府学問所林述斎《じゆっさい》が「慶安御触書」と命名したものを、岩村藩が領内の村々に、『六諭衍義大意』とともに木版・刊行し広めたことから、全国の諸藩に普及したのだと指摘された（山本英二『慶安の御触書は出されたか』日本史リブレット・山川出版社）。ただし、甲府藩の「百姓身持之覚書」が、下人下女を抱える大経営の百姓を意識した内容であるのに対し、「諸国郷村江被仰出」は十九世紀半ばの小経営の百姓や、商品作物の生産等を行う農村を念頭に置いた条文に改編されているため、付言の削除等が行われていることに留意しなければならないという。こうした点を踏まえた上で、「諸国郷村江被仰出」には、十九世紀半ばに一般的と為政者が認識した百姓の姿が表されているものと理解して、読み直してみよう。

この三十二条に及ぶ触書《ふれがき》には、「朝おきを致し朝草を苅、昼ハ田畑耕作にかゝり、晩ハ縄をない、たわらをあみ、何にてもそれ〳〵の仕事《しわざ》油断無く仕るべき事」（五条）と、それぞれの者が自らの「仕事」（役割）を果たすべきだと述べた上で、百姓の妻のあるべき姿を指摘する。すなわち、「男は作をかせき、女房はおはた（機）をかせき、有なへを仕《つかまつり》、夫婦ともにかせき申すべし、然ハみめかたちよき女房成る共、夫の事をおろかに存、大茶をのみ、物まいり遊山すきする女房を離別すへし、去りながら子供多くこれ有りて、前廉《まえかど》恩をも得たる女房ならば各別なり、又みめさま悪敷《あしく》共、夫の所帯を大切にいたすす女房をば、いかにも懇《ねんごろ》に仕るべき事」（十四条）と、「女大学」の条項を参照して、離婚の条件を述べている。

ただ、ここで注目しておきたいのは、「夫婦ともにかせき申すべし」とあるように、百姓は夫婦がともに働き経営を成り立たせ、年貢を上納すべきであるとする考えである。この点が高じると、百姓が田畑に依存して経営を成り立たせることができない山里の村では、次のような表現をとることとなる。信濃国伊那郡清内路《せいないじ》村では、一八三八年（天保九）三月に巡検使に書き上げた村況には、「極深山の村方の儀に御座候《ござそうら》えば、男は木曽・飛州・

三州・遠州・甲州、其外所々山え杣日雇に参、賃銭を取、年寄・子供を養い、女猿同前にて見苦敷《みぐるしく》、着類等も御座無く、抱候者も御座無く候に付、他所え奉公も仕り難《がた》く候故、村方に罷有《まかりあり》、木のミをひろい、少々之谷合・岩間をほり、そば・あわ・ひへ等を作り食物に仕、其間には太布を織り、漸々渡世を送り罷有《まかりあり》候」（清内路下区有文書）と、極深山では田畑の耕作はできず、夫は近国に杣《そま》（木の伐採）仕事で出稼ぎに行き、妻は木の実を拾い、そば・あわ・ひへ等を植えつけて食料を育て、シナノキやコウゾの樹皮から布を織り、生計を立てているという。養われるのは、妻子ではなく年寄と子供で、百姓としての生計を立てるために夫婦で稼いでいるのだという主張である。

もちろん、「女は猿同前で見苦しい」との表現は今日の我々が読むと、ひどい表現であると感じるが、これまでみたように、百姓の妻は夫とともに働くことが求められており、山里では贅沢をせず、他所奉公もせず、山里の女性として百姓の家でできる最大限の役割を果たしているという主張だと解釈することができるのである。

農業生産と女性

それでは、田畑を耕作の基本とするような農村の場合、農作業のどのような場面で、女性の労働が必要とされていたのであろうか。

年間の農作業のサイクルの中で女性労働が投入されている場面を洗い出した研究によると、水稲《すいとう》生産の場合は、田植えの他、刈り取った稲の穂から籾《もみ》をこいでとる作業（稲扱《いなこき》）と、籾を石臼でひいて米にする作業が女性の仕事であるという（大口《おおぐち》勇次郎『女性のいる近世』）。とくに石臼ひきは、女性が夜なべで行う作業であるともいう。総体として、苗代《なわしろ》造りや耕起、荒代《あらしろ》掻きや畦《あぜ》ぬり等の労働は、男性の仕事であり、身体の差異に基づく分業が存在したことが指摘されている。ただ、田植えは、男性も行うことができるものであるが、女性が行うことで神事としての意味が持たせられるのだともいわれる。「早乙女」と呼ばれる女性たちは、化粧をし紅をさし、紺がすり、赤い襷《たすき》、白い手拭いに菅笠《すげがさ》という、晴れの日の装束で田植えを行う。これは、豊穣をもたらす田の神を招いて稲を植えるという神事の意味合いがあったためともいわれる（長島淳子『幕藩制社会のジェンダー構造』）。

これに対して、畑方の作業ではどうであろうか。麦作に関してみると、女性が参加する作業は、種まきと麦刈りの他、麦扱《むぎこき》と棒打ちであり、重労働である耕起や施肥《せひ》、麦踏みなどは男性の仕事であるという（大口勇次郎前掲書）。この他、木綿栽培をする地域では綿《わた》摘み、茶栽培では茶摘み、生糸《きいと》生産では繭玉《まゆだま》からの糸取りの工程等、手先の繊細な感覚を活かした労働に従事したことも知られている【図1】。

以上、百姓が夫婦ともに働くことで経営を成り立たせ、「家」を維持していたことを述

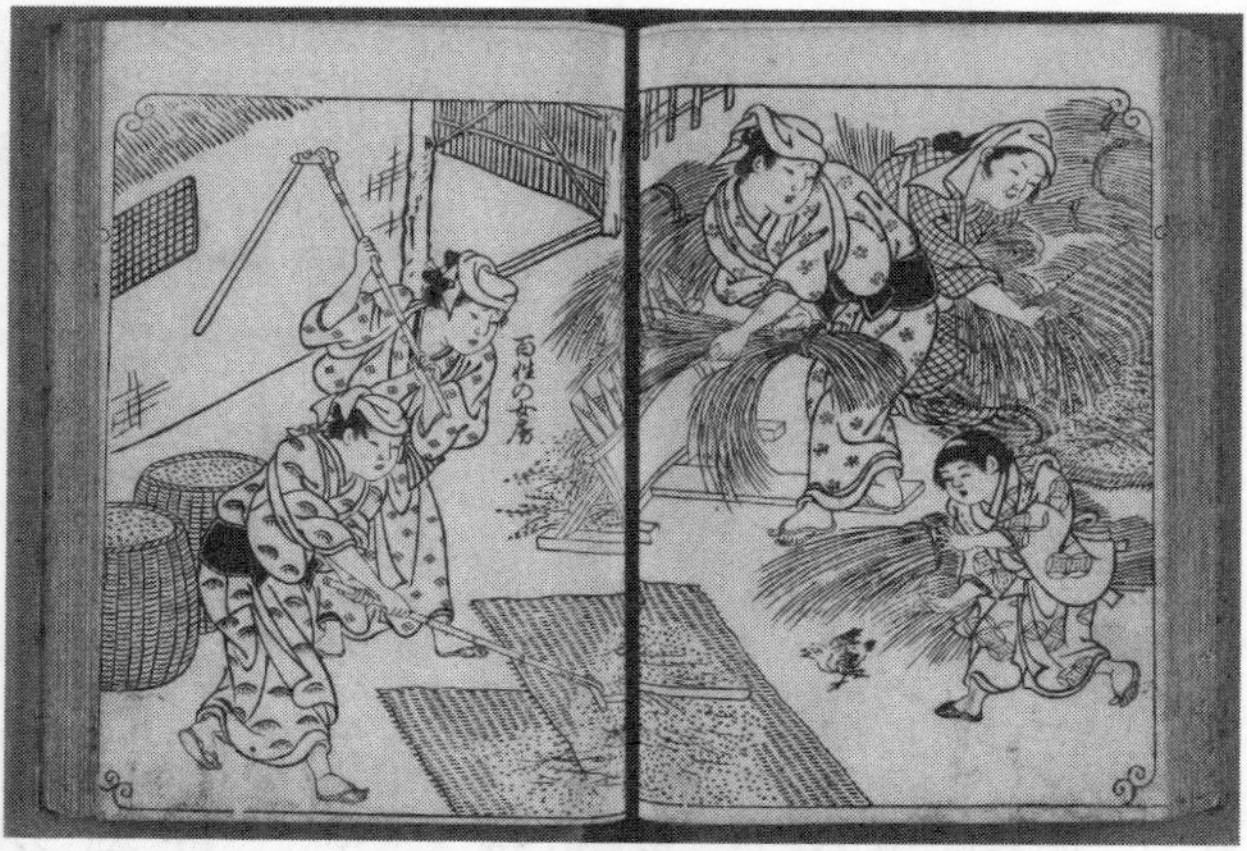

【図１】百姓の女房（西川祐信『百人女郎品定』、国立国会図書館所蔵）

べた。とはいえ、百姓の家職である農業労働に夫婦で力をあわせていただけでなく、妻は家内労働にも携わった。先にみた貝原益軒の考えや「郷村江被仰出」にもみられたように、女性は、第一に家族の衣類を整える「織り縫い」が職分とされた。

もちろん、上層農民ならまだしも、一般的な小経営の百姓家族で、女性の職分が理想的な姿で実現していたとは考えられない。しかし、寺子屋が普及し、村でも女子が寺子屋に通うことが珍しくない十九世紀前期には、百姓の家においても、女性の職分という通念が生まれていたものと考えられるのである。

†百姓の相続と家主

江戸時代には、戸籍制度はなかったが、キ

リスト教や不受不施派《ふじゅふせは》等、幕府が禁止する宗教の信徒ではないことを寺が証明するために、すべての人が寺の檀家となる寺請《てらうけ》檀家制度がとられた。そのため、村では毎年宗門《しゅうもん》改めが実施され、旦那寺ごとに記載された宗門改帳《あらためちょう》を、村がとりまとめ、支配領主に提出した。この帳面は、家族単位に、筆頭人と、筆頭人との続柄を付した家族一人一人について年齢・性別が記されたため、実質的に村に居住する村人の戸籍の機能を果たしていた【図2】。村から他村に移出する場合、あるいは逆に移入する場合も、旦那寺から先方の寺に身元を証明する「寺送《てらおくり》状」と、村役人が先方の村役人に対して身元を証明する「村送《むらおくり》状」を送付し、移動先の宗門改帳に反映された。宗門改帳には、出生はもとより、嫁入、養子縁組、奉公等の移動も記入され、人の移動が厳密に把握されたのである。

先に、江戸時代の家職を務め、士農工商の身分が与えられるのは、男性であると述べた。百姓の場合、この宗門改帳の筆頭人（家主）が「百姓」であり、その家族は「百姓〇〇の父」「百姓〇〇の倅《せがれ》」等々と位置づけられた。妻は、宗門改帳に名前も記されず、「女房」と書かれる場合も多かった。これは、夫と一体となって「百姓」の家職を務める者であるという認識が反映された結果といえよう。

それでは、この宗門改帳筆頭人（家主）に、女性はなり得ないのであろうか。そもそも百姓の家を相続するのは男性だけなのであろうか。

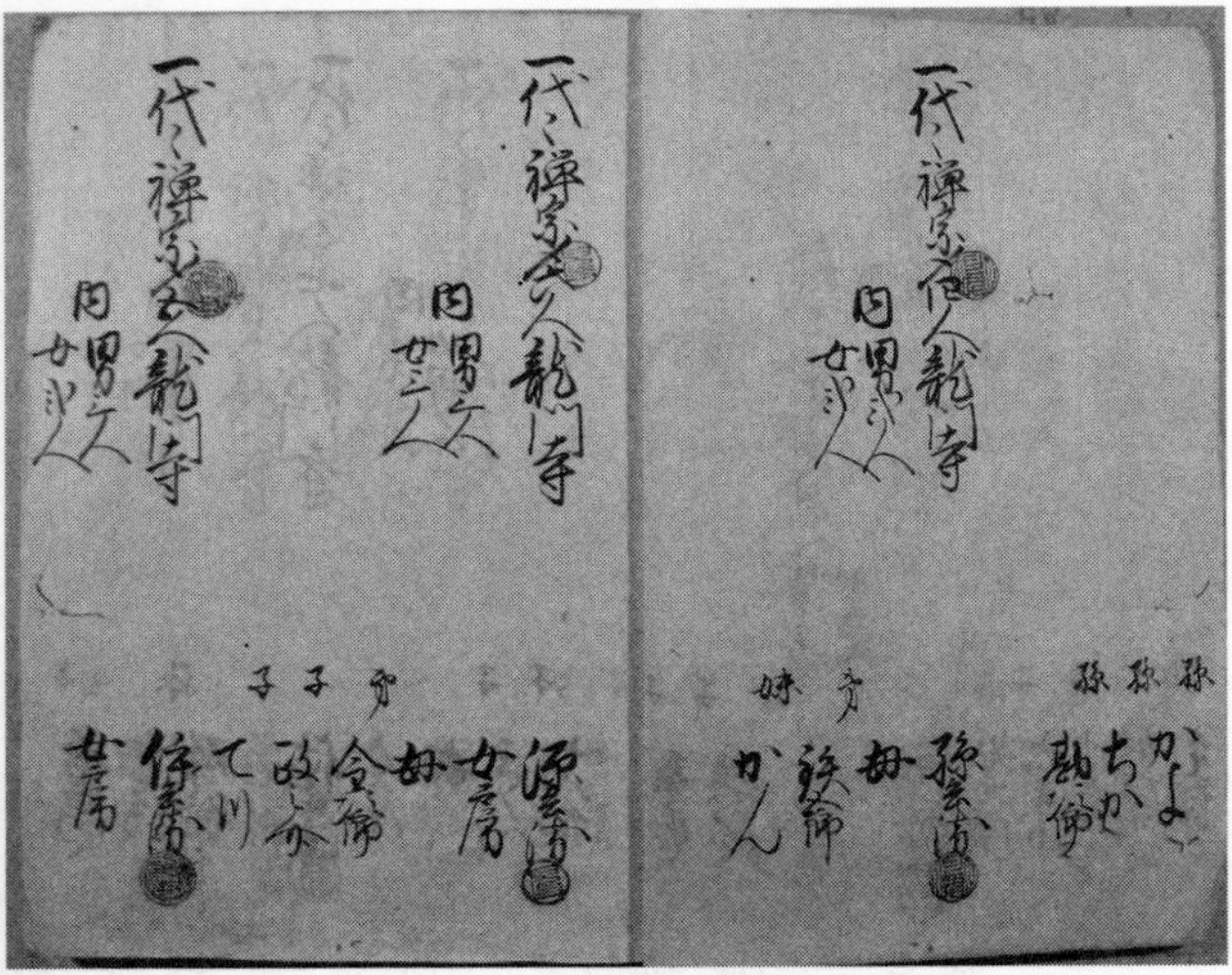

【図2】1799（寛政11）年3月嶋田村宗門人別改帳（森本家文書、国文学研究資料館）。村の宗門改帳ではこのように印判を捺しているのは家主だけである

十七世紀後期、幕府は所持石高《こくだか》が十石以下の百姓は、分地をすることを制限する法令を出していた。土地が細分化することで、百姓の経営規模がさらに小さく、零細になるのを留めようとする意図があった。同時に村では、一軒前の百姓数を固定化する方向、すなわち「百姓株」の固定化に動いた。このことは、百姓が分割相続をして、公式に百姓の家を増やすことができなくなったことを意味する。もちろん、公式には百姓になれなくとも、実質的に土地を分けることは可能である。しかし、その結果生まれた家は、一軒前の百姓とは認められず、村の寄合に参加す

る資格もない者と位置づけられるため、実際には単独相続が主流となっていった。

また、一六六六年（寛文六）十一月十一日、関東の幕領に勘定所から出された「定《さだめ》」では、「前々よりの百姓相果《あいはて》、跡目これ無きに於ては、其趣申聞、男女に依らず、其筋目の者を取立、指図を得、其跡相違無くこれを渡すべし（中略）百姓をつふ《潰》し候はば、曲事為《くせごとた》るべし」（『御当家令条』二八五号、十条）と、相続人がない場合は、男女を問わず、筋目の者を相続人として家の跡式を渡すようにせよと、述べられている。百姓の家を潰すことは、年貢を納める職分の家を失うことになるため、幕府は血筋の者であれば男性か女性かであることより、家を相続させることを優先しているのである。たしかに、男女を問わず、長嫡子が家を相続する慣行もあった。その場合、長子が女子の場合は、女性が相続人となる。こうした相続慣行は、「姉家督《あねかとく》」と呼ばれ、北関東から東北地方で行なわれていたことが知られている（柳谷慶子『近世の女性相続と介護』）。しかし、その場合でも、宗門改帳筆頭人は婿＝男性名であった。

女性の家主

これに対し、家族に成人男性がいても、女性が宗門帳筆頭人となる例が、十九世紀に入ると複数確認できるともいわれる。武蔵国の南方に位置する橘樹《たちばな》郡下丸子《しもまるこ》村では、十九世紀前期以降、江戸近郊農村として村の秩序が動揺し、家を継ぐべき若者の不身持《ふみもち》が問題となった。そうした中、従来であれば夫の死後に成年男子に跡式相続させていた慣習が崩れ、跡取りとなるべき成年男子が家族にいても、母親、つまり後家が相続するようになるという（大口勇次郎前掲書）。こうした例は、武蔵国の北方の入間《いるま》郡赤尾村においても報告されている（青木美智子「女性相続にみる近世村社会の変容」『歴史評論』七四〇号）。赤尾村では、十八世紀後期から十九世紀前期（安永～化政期）に、成年男子を家族に含みながら、女性が三十～四十年の長期にわたり家主で有り続ける事例が複数みられるという。さらに天保期以降は、天保の飢饉等で潰百姓《つぶれびやくしよう》や離村する百姓が多く現れ、在村する百姓自身も独り身の百姓が増加するという。

そうした中で、女性の家主の中には、印判を所持し、家産を管理し、自ら訴訟の主体となる者も現れた。さらに、女性が女性へと家を相続する例も複数現れ、女系相続への展開もみられるという。なお、赤尾村では、一八三四年（天保五）の名主《なぬし》と組頭《くみがしら》の選挙では、女性家主が入《い》れ札《ふだ》を行い、村の大寄合に参加し、自らの考えに基づいて署名したともいう（青木美智子「近世村落社会における女性の村政参加と『村自治』」『総合女性史研究』二十八号）。

このように、武蔵国の南と北で、家主となるべき男性が出現するまでの中継《なかつぎ》相続ではなく、女性の宗門改帳筆頭人（家主）が長期にわたり積極的意味をもって十九世紀以降現れてくるという事実は、否定しがたいものである。その要因は、今後多くの事例から考察を深める必要があるものの、赤尾村で指摘された独り身家族の増加は、畿内近国農村においても、「家族の破片化」として指摘されるところである（桜井由幾「江戸時代中後期の農民家族」『近世近代の南山城』東京大学出版会）。家族構成自体が、直系家族による小経営といえない状況に変化してゆくことが、家主の在り方も変える要因になったものと推測されるのである。

こうした事態に直面し、先に述べた岩村藩をはじめとする諸藩は、藩政改革において、「慶安御触書」と銘打った法令を領内に発布し、小経営の家族からなる本百姓を基盤とする村を再建しようとしたのではないだろうか。

†女性の財産

町人の場合は、いわゆる家付き娘が婿をとり、婿が家督を相続し家業を担うものの、家屋敷地等の不動産や動産（家産）を、家付き娘である妻が相続することがしばしばみられる。これは、町人の家業である商いを行う店経営が、それなりの才覚を必要とするものであったことが要因にあると考える。そのため、家を相続する時、百姓であれば家業と家産は同じ家督相続人が継承するのに対し、町人の場合は、家業の継承者と家産の継承者が分離することがしばしば起るのである（吉田ゆり子前掲書）。こうして、京都の町人の女性に、家屋敷の売買や、金融を担う事例が多くみられた（牧田りゑ子「近世京都における女性の家産所有」『論集近世女性史』吉川弘文館）。

それでは、百姓の女性には、自身に固有な財産はなかったのであろうか。姉家督のような相続形態の場合も、家付き娘である長女が婿を迎えた段階で、家産は夫の所有物となった。したがって、百姓の妻には、「家」の財産、すなわち家産を所有することはなかったといえよう。しかし、婚姻に際して女性の生涯の生活を扶助すべく、実家が持たせる持参田畑や持参金、そして嫁入り道具は、婚姻後も夫の所有物にはならず妻の財産であった。妻が夫と異なる財布を持ち、村人に融資したり、隠居後の小遣いとして自由な行動を保障する原資となっていたことも知られている（河野淳一郎「『公私日記』にみる幕末期名主の妻」『多磨のあゆみ』三十七号、大口勇次郎・長島淳子前掲書）。

また、女性が夫の家業に拘束されることなく、独立した一人の人格として仕事を得、「家」の外で働き続けることもあった。江戸近郊上層農民の娘たちは、嫁入り前の行儀見習いとして武家奉公をし、村に帰って百姓家に嫁ぐというライフスタイルをとることが知られている。武蔵国橘樹郡生麦《なまむぎ》村の関口千恵も、通例の武家奉公のあと、江戸で町人の家に養女として入り、町人身分を獲得してから大名家の奥に奉公に出た。百姓の娘の奥勤めより、待遇や出世のあり方が異なる職分を選択したと考えられている。

その後、六年間の奉公を終え、江戸両国若松町の町人川村家に嫁入りし、一子をもうけた。しかし、夫に死別し、義弟と再婚したものの離縁したため、江戸で旗本中野家に奉公したが、中野家の養女として江戸城大奥に上がったお美代が、十一代将軍家斉《いえなり》の側室となったことから、千恵はお付きの女中として大奥勤めをすることになった。十一年間江戸城大奥勤めを果たし、千恵は生麦村の実家にもどった。晩年の千恵は、旗本との再縁の話も断り、奉公で蓄えた金銭を原資として、江戸城に行き来し、近隣村落の商人に貸付けを行う等、自由な行動をとり生涯を終えたのである（大口勇次郎『江戸城大奥をめざす村の娘』）。

法的には、夫婦同財といわれる江戸時代の村にあって、名主の妻が夫とは別の財布を持ち、村に融資をしたのも、その原資は実家からの持参金とみられている。千恵も、自身が奉公で得た金をもって自由な行動が保障されていたが、実父は村に帰り再縁も断った千恵の生活を案じて、千恵が生きている間に限りとの限定付で、「お千恵養田畑」を遺している。その田畑の小作料収入を、千恵の生活費に当てようとした。

本来は、実家の父母が、娘の生活を案じて持たせた持参金や持参田畑、そして老後の手当てとして遺された隠居免《いんきょめん》が、本来の目的を越えて、個人の財産として運用される可能性のあったことが示唆されているのである。

さらに詳しく知るための参考文献

大口勇次郎『女性のいる近世』(勁草書房、一九九五)……「私の主張したいことは、女性のあるがままを史料に即して認識し、それを社会のなかに正当に位置づけよ、ということに尽きる。(中略)江戸時代における女性の社会的位置と役割が明らかにされるならば、近世社会の構造的特質もまた新たな地平で解明されていく」との立場から、農村の女性たちの生き方や、工藤兵助の娘綾子をはじめ、多面的に女性の社会的位置を検討した書籍。

同『江戸城大奥をめざす村の娘　生麦村関口千恵の生涯』(山川出版社、二〇一六)……前著で研究を開始した、武蔵国橘樹郡生麦村の関口千恵の六十九年の生涯を、生麦村で村役人を勤めた関口家に遺された天明七年から明治三十四年まで、五世代にわたって書き継がれた『関口日記』や文書史料から、丹念に描き出した労作。千恵の父・弟・甥の記す日記から、一人の女性の生涯を客観的に検証することで、江戸時代の女性の社会的位置を明らかにした。

長島淳子『幕藩制社会のジェンダー構造』(校倉書房、二〇〇六)……近世のとくに農村に暮らした女性たちの、農業労働での役割、妻として農業労働以外に負った家事労働に着目した研究。農民の女性として、妻としての位置づけが、民俗学的研究成果を踏まえて、実証的に指摘された論考を含む。

柳谷慶子『近世の女性相続と介護』(吉川弘文館、二〇〇七)……女性が家督を継承することがあるのか、武家や東北農民の具体的な事実を検証しながら、その解釈を試みた研究と、高齢化社会における介護の問題という現代的課題に直面し、歴史的に高齢者介護がどのような社会的な合意のもとに行われていたかを、武家社会に焦点をあてて解明した論考。

吉田ゆり子『近世の家と女性』(山川出版社、二〇一六)……大口勇次郎の『女性のいる近世』で掲げられる視座に学び、日本の伝統社会における女性の社会的位置を、史料に基づいた客観的な立場から検証し、近世社会の在り方を考え直そうとする立場の書籍。当時の男性と女性に対する社会通念を検討した上で、都市と農村の違いを、女性の位置づけの違いから検証しようとする視点をもつ。あわせて、幕末の外国人に対する日本人の意識を、遊女の視座から再考した遊廓研究を含む。

個人の印判

吉田ゆり子

村の宗門改帳では、印判を捺しているのは家主だけである。成人年齢を過ぎた倅だけでなく、妻や娘も個人の印鑑を持たない。署名捺印が必要な場面では、爪に墨をつけた「爪印《つめいん》」を捺した。夫の没後に「後家」となった妻も、家主である間は夫の印鑑を捺した。訴訟を起こす「母」や「ばば」も、それぞれの夫の印鑑を捺す。村では、妻だけでなく倅も、成年となっても家を継承しない限り個人として独立した人格（百姓）とみなされず、印鑑を持つことができなかった。

ところが江戸では、十五歳以上の男子は家主とは別の印鑑を捺していた。たとえば麴町十二丁目の源兵衛店借《たながり》の丑五《うしご》良《ろう》家族は、丑五良が六十一歳の乗物職で、妻ひさと倅《せがれ》兼吉の三人暮らしである。人別帳をみると、兼吉は二十三歳で、父とは明らかに異なる印鑑を捺している。つまり江戸では、十五歳になると男子は法的に責任を行使する主体として扱われたことが示されているのである。

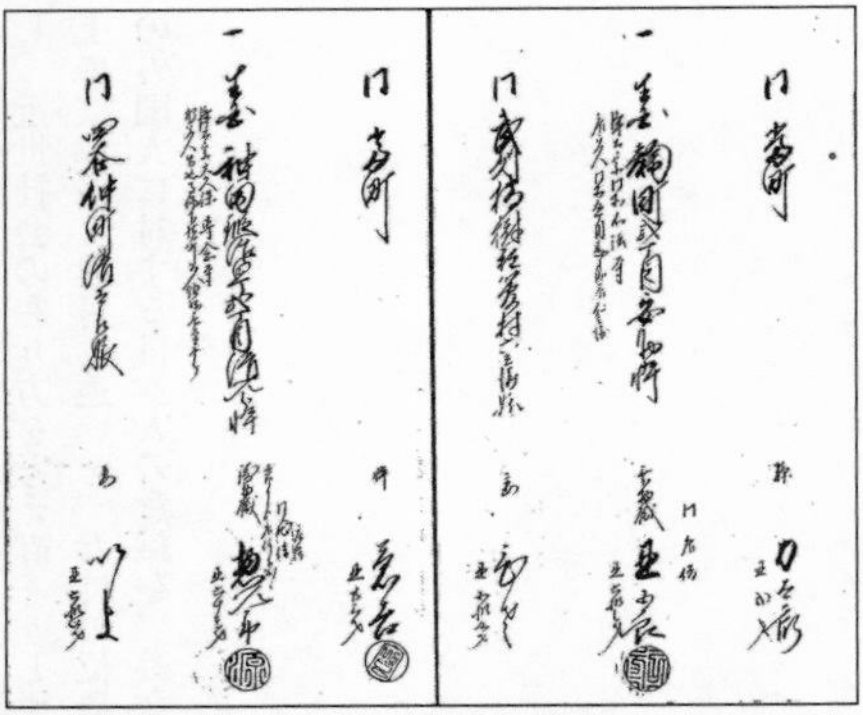
1866（元治2）年4月江戸麴町十二丁目の人別帳（新宿歴史博物館所蔵）

第6講

元禄時代と享保改革

高埜利彦

✝平和の到来

十七世紀の後半から十八世紀の後半にかけての百年間は、江戸幕府では五代将軍徳川綱《つな》吉《よし》政権から、新井白石《はくせき》が政権中枢にいた六代徳川家宣《いえのぶ》・七代徳川家継《いえつぐ》政権を経て、八代徳川吉宗《よしむね》・九代徳川家重《いえしげ》政権、さらに田沼意次《おきつぐ》が権勢を振るった十代徳川家治《いえはる》政権の時期に当たるおよそ一世紀で、この時代は生産力が上昇し、商業も活発になり、いわば現代でいう「右肩上がりの経済成長期」であった。農業生産者である百姓や流通に携わる町人たちの生活は比較的安定し、元禄文化や宝暦・天明期文化を生み出す力となった。

この一世紀の間に形成された、社会の制度や価値観、あるいは文化のうち、かなりの部分は次の時代に継承され、後世に「江戸時代とはこういう社会」と語られるイメージを形作った。さらにその時期の価値観などは、時をつないで今日まで生き残っているものも少なくない。喪中はがきを年末に届けたり、女性を土俵の上にあげるのを拒んだり、犬を食べる習慣を持たなかったり、それらの価値観のもとになった制度的枠組みは、五代綱吉政権で始まり、八代徳川吉宗政権で制度の確立が図られた。

このような元禄時代からの百年間の日本社会の歩みの前提となったのが、東アジアの平和の到来であった。国内での応仁の乱（一四六七年）から戦国時代へと続いた戦乱は、天下統一の過程を経て大坂の陣（一六一五年〔慶長二十〕）をもって終息した。しかしながら対外的には未だ平穏は訪れていなかった。

鉄砲伝来（一五四三年）以来、ヨーロッパ諸国（スペイン・ポルトガルさらにオランダ・イギリス）は進出を図り、東アジア各地（バタビア・マニラ・マカオなど）に拠点を設け、貿易で利益を上げた。日本でいえば、ヨーロッパ勢力のうち、オランダ商館のみを長崎出島に押し込める形で、幕府が交易を独占する体制を一六四一年（寛永十八）には確立した。

東アジアの外交秩序は、古代から中国を中心にして形成されてきたが、漢民族である明朝による安定的な秩序は、一六一六年の女真族《じょしんぞく》ヌルハチによる後金《こうきん》（清）建国以来、北方から脅かされ戦闘が続く中で解体した。一六四四年には明は敗退のすえ首都北京を明け渡した。清は北京に遷都《せんと》したが、敗退後も抵抗する南明亡命政権が南京・福州《ふくしゅう》に樹立され、海商であった鄭芝竜《ていしりゅう》・成功父子も加担して、江戸幕府に明支援の軍隊派遣と武具供与を求めた。明清の動乱はつぶさに伝えられ（ロナルド・トビ『近世日本の国家形成と外交』創文社、一九九〇）、幕府の中には参戦して大陸に領土を獲得する意欲を持った者もあったが、結局、四代将軍家綱《いえつな》政権は中国との戦乱を回避した。一六六二年、最後の南明政権桂王《けいおう》が滅ぼされ、また台湾を拠点にした鄭成功の死によって、明清動乱は終息した。

ただし、桂王を雲南に滅ぼした武将呉三桂《ごさんけい》ら三人の漢民族の武将が、一六七三年清朝康《こう》熙帝《きてい》に排除され、これに反抗した三藩の乱が発生した。一時期は反乱勢力が優勢となり、清朝滅亡かとの危機に立たされた。幕府にも情報は届けられ、再びの混乱状況を認識した。結局のところ、三藩の乱は呉三桂が没した後、清朝の軍隊の攻勢により平定された（一六八一）。

†五代将軍綱吉政権

三藩の乱の平定した一六八一年は、日本では年号が延宝から天和《てんな》に変わり、前年に将軍となった五代綱吉による幕政が始められたところであった。古代から現代まで、どの時代にあっても、対外関係は国内に大きな影響を与える。綱吉政権は国内外の平和と安定を確信する中で、代始めの「武家諸法度」を一六八三年（天和三）に発布した。それまでの第一条「文武《ぶんぶ》弓馬《きゆうば》の道、専《もつぱ》ら相嗜《たしな》むべき事」とあったのを「文武忠孝を励まし、礼儀を正すべき事」と改めた（『御《お》触書《ふれがき》寛保《かんぽう》集成《しゆうせい》』）。武家にとって第一に重要なことは、弓や馬に代表される武道を意味する「弓馬の道」にとってかわって忠孝と礼儀になったのである。忠とは主君に対して真心を尽す忠義のことであり、孝は父祖によく仕える心であり、それに加えて礼儀による上下の秩序が支配の論理になった。

世の中は平和を疑うことなく、もはや戦争を前提にした将軍権力による軍役発動と軍事指揮権を通した権力編成の論理は有効とはいえなくなったのである。一六三四年（寛永十一）の三代将軍家光の上洛は、大名・旗本に宛がった知行高《ちぎようだか》に応じた騎馬数、弓・槍・鉄砲などの数を定め動員させる軍役によって、三十万人を超える大名・旗本の軍勢となった一種の軍事演習であった。将軍の日光社参《につこうしやさん》も、東照権現《とうしようごんげん》（徳川家康）を祭祀する精神的な効力のほかに、江戸から日光までの行程そのものが軍事演習としての意味を持たされた。将軍秀忠・家光・家綱まで日光社参を行うことで、平時であっても軍事的緊張感を高めようとしたが、五代綱吉は日光社参を実施しなかった。軍事指揮権を将軍が振るい、武威に頼ることはせず、忠孝礼儀を前面に打ち出し、身分・階層秩序の維持を目指す方針に転換させたのであった。

†生類憐み令と服忌令

武威を後退させる理念は、戦国時代以来続いてきた武に頼る価値観を捨てられずにいた者たちと真っ向から対立した。一六六〇年代以降の「かぶき者」と呼ばれた者たちは、平和と安定が続く中で、もはや戦場において武功を上げて、上昇する道が閉ざされた現実を前にして、閉塞感を抱き、刹那的・加虐的な行動に走った旗本・御家人たちであった。五代綱吉政権は前代を引継ぎ、とくに一六八二年（天和二）末から翌年正月にかけて、かぶき者の取締りを強引に進めた。さらに一六八六年（貞享《じょうきょう》三）、綱吉の治世が始まって六年が経過した九月二十七日、幕府はかぶき者の無頼集団である大小神祇《じんぎ》組の者たちを逮捕した。これは江戸の小石川で催された勧進能《かんじんのう》で騒ぎを起こしたのをきっかけとした大量検挙であった。二百余名に上る検挙者の中には与《よ》力《りき》・同心《どうしん》や御家人の子弟が多く含まれていた。首領格の十一人を打ち首にして見せしめにした。その後も幕府は、一七〇三年にかけて二十年余りに合計三百件に上るかぶき者と見られる素行不良者を含む幕臣の処罰を行った（北島正元「かぶき者——その行動と論理」『近世史の群像』吉川弘文館、一九七七）。

綱吉政権は、これらかぶき者を力で処分した上に、武威に頼る論理と価値観を社会全体から否定する方策をとった。生類憐《しょうるいあわれ》み令と服忌《ぶっき》令である。生類憐み令は一六八五年（貞享二）頃から次々に発せられ、犬に限らず獣、鳥類、魚類などに至るまで、生類全般の殺生を禁じた法令の総称であった。捨て子・捨て病人の禁制や行倒れ人・道中旅行者の病気保護も命じられて、生類憐みの対象は人間にも及ぼされた。生類の殺生をせず放生《ほうじょう》する仏教思想に因《よ》る殺生禁断の思想が社会に及ぼした影響は大きかった。野犬が捨て児を襲うような殺伐とした光景は消えた。かぶき者が飼い犬を切り殺したり、犬食いをしたりするような状況を無くさせ、泰平な社会を招来させた。相手を切り殺して上昇を図る戦場の論理とは対極の、平和な価値観が社会に浸透することになった。

服忌令もまた、生類憐み令と表裏一体となって社会の価値観を転換させた。服忌とは、喪に服する服喪《ふくも》と死の穢《けが》れを忌《い》む忌引《きび》きのことで、近親者に死者があった時にその近親者との関係に応じて喪に服する期間や、穢れが晴れるまで自宅謹慎している忌引きの日数を事細かく定めたのが服忌令である。たとえば、実の父母が死んだ場合、忌が五十日、服が十三カ月と規定された。つまり五十日間は出仕ができず、十三カ月間、喪に服して祭事・慶事などはできない。兄弟姉妹の死は忌引きが二十日間、服喪が九十日、その場合「別腹たりというとも服忌に差別なし」と、異母兄弟でも同じであると規定する。多様な血縁関係ごとに規定したことから、養父母はどうか、離婚した妻はどうかなど、一六八四年に発布された後、一六八六年、八八年と追加がなされ、一六九一年（元禄四）、九二年、九三年にも追加補充がなされた。綱吉政権の服忌令制度化にかけた意欲をうかがわせる。

死の穢れに加え、血の穢れも忌避《きひ》され、規定がなされた。武士だけではなく、一六八八年(貞享五)の知足院《ちそくいん》(のちの護持院)建立に際して、日雇・人足等の服忌の吟味が命じられ、材木の間に挟まれた犬の血が付いた穢れた材木は取り除かせた。服忌の考えは、もともと武士の世界に存在したものではなかった。「大宝令」の制定以来、朝廷や神社における死や血の穢れを排除する習俗として存続してきたものである。一五〇五年(永正《えいしょう》二)、学者で歌人としても名高い公卿三条西実隆《くぎょうさんじょうにしさねたか》は、屋敷内の下女が病気で助かる見込みがないと見るや、寒風はなはだしい夜半に、屋敷の外に下女を捨てさせた(『実隆公記』)。屋敷内に死の穢れが生じるのを恐れたためである。

死や血の穢れの対極に神や聖・浄の観念がある。神社や禁裏(朝廷)をその中心に据える考え方だ。たとえば大嘗祭《だいじょうさい》という最も重要な神事を行う際「僧尼及び穢れの輩」が神域に入ることの制止を高札《こうさつ》や触れで行うのはそのためである。また、服忌令は一四〇三年(応永十)の京都「御霊社服忌令」のように神社で規定されたことはあっても、五代将軍綱吉政権で、一六八八年から初めて武家の社会に制度化されたのである。戦国時代以来、槍や刀で相手を殺傷することが価値であり、主人の死後に追腹《おいばら》を切ることが美徳とされた武士の論理は、死や血の穢れとともに排され、武家の儀礼の中に朝廷や神社から伝わった服忌の観念が制度化徹底され、ついには広く社会にも浸透していった。

綱吉政権期の生類憐み令や服忌令の影響は、殺生や死を遠ざけ忌み嫌う風潮を作り出すことになった。このことは、死んだ牛馬を片付けるかわたや長吏《ちょうり》が、あるいは町やお堀などの清掃に従事し、清めに携わる非人の仕事が、以前にも増して社会的に必要かつ重要な役割として位置づけられることになった。その一方でかわた・長吏に対し、幕藩領主が「穢多《えた》」という呼称を用いるような賤視《せんし》と、清めの役割を担う人びとを遠ざけるという誤った意識を、結果的に社会に広く浸透させることになった。

あわせて、血の穢れを排する考え方は女性の月経を避ける観念をもたらし、女人禁制に結びついた。本書第14講で宮崎ふみ子が「祇園祭が女人禁制になり、酒の醸造や麴作りから女性が排除されたのは近世中期なので、脇田晴子は女性を不浄とする観念が社会全般に広まったのはその頃だろうと推測する」と述べるように、綱吉政権から始まる服忌令の制度化と社会への浸透は、血の穢れを排し、女性を排除する観念をもたらしたと見られる。服忌令の影響は、江戸時代を通じ、さらに現在に至るまで社会に影響を与え、喪中はがきや葬式から帰宅する際に清めの塩を撒く習慣などに見られる。あるいは「土俵に女性を上げない」との日本相撲協会の考え方には、女性を不浄とする観念が背景にある。国内外の平和を前提に、綱吉政権が推し進めた政策がもたらした服忌の観念から、現代に生きる私たちは解放される必要があるだろう。

✝朝幕協調

一六八七年（貞享四）、父である霊元天皇の譲位（生前退位）後、東山天皇は即位式をすませたあと、十一月十六日に大嘗祭を挙行した。これは江戸時代はじめてのことであり、室町時代の一四六六年（文正元）に後《ご》土御《つちみ》門《かど》天皇が大嘗祭を挙行して以来、二百二十一年ぶりのことであった。この間、後柏原《ごかしわばら》天皇から霊元天皇にいたる九代の天皇は大嘗祭を行えなかった。一四六七年に応仁の乱が勃発し、戦乱は京都と朝廷を疲弊させた。財政難により儀式が挙行できない状態が続いたのである。

しかし江戸幕府の下で即位した後《ご》水尾《みずのお》天皇・明正《めいしょう》天皇・後光明《ごこうみょう》天皇・後《ご》西《さい》天皇や霊元天皇は財政難とは言えない状態であった。行えなかった理由は、幕府がその必要を認めなかったからである。天皇は即位に当たって、真言密教にのっとり大日如来と一体化する即位灌頂《かんじょう》を歴代天皇が行っており、即位儀式としてそれで済ませてきた。しかるに、霊元天皇は大嘗祭によって、皇祖《こうそ》神《しん》天照大神《あまてらすおおみかみ》から認知を受ける神事の挙行の再興を、武家伝奏を通して幕府に再三働きかけた。「朝廷復古」を強く望んだ霊元天皇の執念は綱吉政権を動かし二百二十一年ぶりの大嘗祭再興となった。しかし幕府は天皇の行幸を禁じており、大嘗祭当日以前、賀茂河畔への禊《みそぎ》行幸は禁じられた。このことを時の左大臣近衛《このえ》基熙《もとひろ》は不備のある大嘗祭であるとして、再興に反対を唱えていた。

二百二十一年ぶりの大嘗祭の再興は、霊元天皇の執念だけで実現できたものではない。徳川綱吉政権が消極的ながらこれを許可したからである。徳川家康・秀忠・家光三代の政権期は、天皇・朝廷を封じ込め、幕府の掌握の下に統制する機構作りが行われた。「禁中《きんちゅう》並公《ならびにく》家《げ》諸法度《しょはっと》」（一六一五年）で法制的な枠組みを作り、摂家《せっけ》がなる関白（摂政《せっしょう》）と武家伝奏（二人の公家）が幕府のために役割を果たし、武家が担う京都所司代《しょしだい》・京都町奉行・禁裏《きんり》付《づき》とともに統制機構を形作った。四代家綱政権で、朝廷統制の制度化が確立した後、いま綱吉政権は平和と安定の世の中で、上下の秩序を維持するために、将軍権力に天皇・朝廷の権威を協調させ、将軍の権威を上昇させる方策を取った。禁裏御料の増献や山陵の修理に加え、朝儀の再興も容認した。たとえば石清水《いわしみず》八幡宮の放生会《ほうじょうえ》の二百十四年ぶりの再興や賀茂の葵祭も百九十二年ぶりに再興させたが、それら朝廷儀式の再興の一つとして大嘗祭の再興を位置づけることができる。

一七〇一年（元禄一四）三月十四日江戸城松の廊下において、赤穂《あこう》城主浅野《あさの》内匠頭《たくみのかみ》長矩《ながのり》（三十五歳）が高家《こうけ》吉良《きら》上野介《こうずけのすけ》義央《よしひさ》（六十一歳）に小刀を振るって刃傷《にんじょう》に及んだ事件が発生した。吉良の額と右肩は小刀を受け、逃げまどった跡には、松の廊下から桜の間にかけて、畳一面に吉良の血が散った。取り押さえられた浅野長矩は即日切腹を命じられ、浅野家は断絶に処せられた。

尋問もなされずいきなり切腹を命じられたのは異例であり、綱吉政権の感情的ともいえる処分の背景には何があったのだろうか。この日、将軍綱吉は行水《ぎょうずい》をして潔斎《けっさい》をしていた。東山天皇からの勅使《ちょくし》、霊元上皇からの院使を迎えるための準備のさなかの刃傷で、その場が大量の血で汚されたのである。服忌の価値観が浸透する中、天皇・朝廷の権威を重視する中での刃傷沙汰が、即日切腹に結びついたものであろう。江戸城松の廊下の襖絵は、狩野派の描く勇壮な骨太の松の大樹ではなく、海原に千鳥がのどかに飛び交う風景に、雅《みやび》な赤松が添えられる図柄であった。この武威を感じさせない雅な図柄は、将軍綱吉の御台所《みだいどころ》が鷹司《たかつかさ》家の姫であり、姫と京都から付き添った女中たちの影響もあったのであろうか。

†徳川家宣・家継政権

朝幕協調した関係は、六代家宣政権でさらに深まった。さかのぼる一六七九年（延宝七）、幕府は左大臣近衛基熙の姫熙子《ひろこ》と甲府城主三位中将《さんみのちゅうじょう》徳川綱豊《つなとよ》との婚儀を命じた。徳川綱豊は、徳川家光の子である徳川綱重の子であるが、一七〇四年（宝永元）に跡継ぎのない叔父綱吉の世子《せいし》（家宣）となり西の丸に入った。一七〇九年、綱吉の死後六代将軍となり、熙子は御台所となった。

綱吉の晩年の政治は側用人《そばようにん》だった老中柳沢吉保《よしやす》の主導権の下、一六九五年（元禄八）から貨幣改鋳を勘定方《かんじょうかた》（のち奉行）荻原重秀《おぎわらしげひで》の提言を受け実施した。これによって純度の低い金銀貨を発行して、純度の高い慶長金・銀貨を回収して利益を上げた。幕府財政にとっては寺社造営・修復で膨大な出費をしたあとの補塡としたのだが、貨幣相場は混乱し、活発になっていた商品流通を阻害することとなった。さらに、一七〇七年（宝永四）十一月二十三日の富士山噴火は大被害をもたらし、被災地の復興にあたったものの、翌年、十二月麻疹に臥《ふ》せった将軍綱吉は一七〇九年正月本丸にて死去した。

跡を継いだ六代家宣もまた、綱吉が館林《たてばやし》藩江戸神田御殿の側近を本丸に採用したのと同様、家宣の育った甲府藩江戸桜田御殿の側近たちを西の丸そして本丸に数多く移動させた。その中に、側用人間部詮房《まなべあきふさ》と儒者新井白石がいた。新井白石は政策ブレーンとして提言し、間部は側用人・老中として実施に当たった。生類憐み令については、生類憐みの志は継続するように命じながらも、野犬収容の中野にある犬小屋（中野囲《かこい》）を停止、餌代とした町中入用金《いりようきん》の徴収も停止し、同令で処罰されていた者も大赦によって赦免されたことは、庶民に歓迎された。生類憐みの志は継続され、今日まで脈々と受け継がれたと見ることができよう。

「武家諸法度」は新井白石によって全文改定された。第一条は「文武の道を修め、人倫を明かにし、風俗を正しくすべき事」とされた。前代の綱吉による第一条の改定を、さらに改めて「文武の道」と「人倫」と「風俗の正しさ」を第一に求めた。儒教色を濃厚に、書き下した文体で近づきやすい印象を与えた。綱吉政権が忠孝・礼儀を重視した以上に、「人倫」すなわち君臣・父子・長幼の秩序を重んじる考え方を示したのである。

家宣政権は天皇・朝廷との協調関係をいっそう深めた。このころの朝廷は、霊元上皇を抑え込んで、近衛基熙・家熙《いえひろ》の父子が権勢を振るっていた。近衛家熙は一七〇七年（宝永四）から一七一二年（正徳二）まで関白の地位にあった。父の基熙は一七〇九年（宝永六）年十月に江戸時代で初の太政大臣に任じられた。近衛基熙が東山天皇の即位大嘗祭を禊行幸のない不備と批判したことは前述したが、その皇子の中御門天皇即位に当たって、朝廷は幕府に大嘗祭の挙行を願い出なかった。近衛家の威光を考慮してのことである。しかし家宣政権にとっては、御台所の実家である近衛家との関係は良好であった。一七一〇年（宝永七）四月、将軍家宣は前太政大臣近衛基熙を江戸に招いた。かつて綱吉が屋敷にした神田御殿に丸二年間滞在してもらい、将軍の歓待を受け、娘である御台所熙子とともに浜御殿（現在の浜離宮）に遊覧することもあった。元の関白で太政大臣であった摂家が江戸に丸二年間も滞在したというのは、空前絶後のことである。

このような良好な関係の中で一七一〇年（宝永七）八月、閑院宮家《かんいんのみやけ》が創設された。新井白石は、皇位を継ぐべき親王のほかは出家して門跡《もんぜき》や尼《あま》門跡になるため皇統を維持するのが危うくなるとして、新宮家設立を建言した。宮家は、その当時伏見宮《ふしみのみや》、京極宮《きょうごくのみや》、有栖川《ありすがわ》宮《のみや》の三宮家があったが、新たに閑院宮家を創設し石高一千石を進献した。

六代将軍徳川家宣の治世は、早くも一七一二年（正徳二）十月の死去によって三年九カ月で終わった。この後を継いだのが息子の家継で、三歳二カ月の幼児将軍の誕生となったので、間部詮房と新井白石の役割は増した。将軍に個人の判断力がないことから、いかにして将軍職そのものに権威を高めるかが、新井白石の最大の課題となった。儀礼が重視され、身分の上下が強く意識され、服制も整備し、着ている装束を見て一目で序列がわかるようにした。さらに白石らは、幼児将軍の権威付けのために、一七一五年春、霊元上皇の第十三番目の姫宮と将軍家継の婚約が構想された。白石は、先代家宣の御台所である関白・太政大臣近衛基熙の姫より以上の格式を持つ皇女を迎えることで、将軍権威をさらに高めようと考えたのである。婚約を発表し、二歳の皇女八十宮《やそのみや》が七歳になった五年後に江戸に下向する予定であった。しかしながら一七一六年四月三十日、将軍家継は急逝した。満で六歳九カ月、皇女八十宮との婚約は果たされなかった。皇女はその後も与えられた家《け》領《よう》五百石をもとに四十五歳まで存命であった。

†徳川吉宗政権

七代将軍家継の死去は重大な後継者問題を生んだ。直系の跡取りはなく、すでに六代家宣は自分の死後は御三家から後継将軍を選ぶ意向を示していた。尾張徳川家には人が無く、紀州徳川家から吉宗が選ばれることになった。その際、近衛基煕の姫で六代家宣の正室であった天英院が、後継将軍決定の主導的役割を果たした。家継が急逝した四月晦日《みそか》付で天英院は父の近衛基煕に手紙を送っている。家継が重病なので、吉宗に後見を申し入れ、老中と間部詮房同道にて吉宗が御錠口《おじょうぐち》より大奥へ通り、天英院と初めて対面したことを述べた。二人の対面の様子は、天英院の側に仕えた女性から近衛家用人に伝えられた。そこには、吉宗は辞退したが、天英院が「天下のため」であるから請けて欲しいと仰せたことから、吉宗がすぐさまお請けした、と記している（「基煕公記」）。大奥にあった天英院（第7講で柳谷慶子が述べる将軍後家）が、紀州藩主徳川吉宗に直接後継将軍を依頼し、受諾させたところに注目したい。

八代将軍吉宗の誕生である。吉宗は権力機構をまず整えた。間部詮房・新井白石らを罷免する一方で、吉宗は御用取次の役職を新設した。将軍と老中との間の取次を行う役職で、将軍吉宗の政策実行の手足になった。吉宗が取り組んだ第一の課題は幕府の財政再建であった。吉宗も、綱吉・家宣が館林藩・甲府藩家臣を大量に幕臣化したのと同様に、紀州藩から家臣二百四名を幕臣として登用した（深井雅海『徳川将軍政治権力の研究』吉川弘文館、一九九一）。幕府財政窮乏の原因の一つは、幕臣の人件費高騰にあった。また寺社修復・造営は歴代将軍が行ってきたことから膨大な出費となって累積していた。寺社修復費として年間一千両に予算を限定したほか、諸事倹約に努め、支出を削減した。

財政再建のための増収策として、新田開発と年貢増徴策を取ったが、上米《あげまい》の制（享保七〜十五年）によって万石以上の諸大名に対し、石高一万石につき百石の米の上納を命じた。上米総額は年間で十八万七千石余になり、九年間で百六十八万石余りの増収となった。上米の制は、大名に参勤交代年限を半減する代わりに、将軍が借金をするようなもので、吉宗には心苦しく、屈辱とさえ感じるものであった。そうでもして財政再建に取り組んだのち、吉宗は、支配統治のために、制度充実を図った。

一七四二年（寛保二）に「御定書百箇条《おさだめがき》」を完成させた後、二年後には「御触書寛保集成」の編纂を終えた。法典編纂のほかに、五代綱吉が始めた「服忌令」の追加改定も行わせたが、この吉宗期の「服忌令」が明治維新まで通用することになる。これらは九代将軍家重の個人の能力が甚だ劣っていても、制度的に運用可能にする意図が隠されていた。加えて、将軍の地位を権威がましくするために、朝廷との関係をいっそう協調的になるよう図った。東山天皇即位時の大嘗祭が二百二十一年ぶりに再興された後、次の中御門天皇は近衛家全盛のもと幕府への申請がなされず、実施しなかった。その次の桜町天皇即位時には、将軍吉宗の側から積極的に働きかけ、大嘗祭が一七三八年（元文三）に挙行された。また新嘗祭《にいなめさい》も正式に再興された。その後の歴代天皇はこの元文度を先例として大嘗祭を続け、形式的には現代に至る。

さらに詳しく知るための参考文献

ロナルド・トビ『近世日本の国家形成と外交』（創文社、一九九〇）……明清動乱を始め対外情報を、「四つの口」を通して幕府がいかに素早く正確に入手していたのかを詳しく知ることができる。

杣田善雄『日本近世の歴史2　将軍権力の確立』（吉川弘文館、二〇一二）……徳川家光政権から綱吉政権にいたる概説書で、わかりやすい叙述でエピソードが豊富である。

深井雅海『徳川将軍政治権力の研究』（吉川弘文館、一九九一）……徳川綱吉の館林藩神田御殿家臣団、徳川家宣の甲府藩桜田御殿家臣団、徳川吉宗の紀州藩家臣団の幕臣化を具体的に知ることができる。

高埜利彦『シリーズ日本近世史3　天下泰平の時代』（岩波新書、二〇一五）……四代徳川家綱から田沼時代までの一世紀を対象にした概説書。新書版ながら数多くの歴史情報が取り込まれている。

高埜利彦『日本史リブレット　江戸時代の神社』（山川出版社、二〇一九）……大嘗祭の再興の経緯や、大嘗祭が江戸時代の国家祭祀の中でどのような位置にあるのかなどを知ることができる。

第7講　武家政治を支える女性

柳谷慶子

†武家の表と奥

日本近世の政治史研究は長らく、幕政史・藩政史の枠組を基本に成果を積み上げてきた。当主と男性家臣で担われる表向《おもてむき》の領域が検討の対象とされ、表向で執行される政治と儀礼を中心に、当家当代における統治と、その特徴の解明がなされてきたといえる。徳川将軍家、および大名家の内部は、表向と奥向《おくむき》の二つの領域に分かれるが、奥向に対して、ほとんど関心が向けられずにきたのは、奥向は当主とその家族の日常生活の空間であり、表向から隔離された建物構造にあることをもって、政治から排除されたとする理解に立ってきたからである。

こうした捉え方に正面から再考を促したのは、女性史、さらにジェンダー視点を導入した一九九〇年以降の研究潮流である（長野ひろ子『日本近世ジェンダー論』）。以来、現在に至るまで、奥向を対象とする実証研究が進むなかで明らかにされてきた成果のひとつは、奥向の公的役割に関してである（畑尚子『徳川政権下の大奥と奥女中』）。

奥向が担う公的役割は、大きく二つに分けられる。一つには、子女の出産と養育、および教育である。世継ぎを産み、育てることは、世襲の家を守ることであり、教育とは藩主となる心得をもたせて当家の存続に繋げるものである。他家に出る子女の出産と養育も一族の再生産を果たし、親族を生み出す重要な意味をもった。

二つには、贈答を伴う儀礼の執行である。奥向で執り行われる儀礼は、表向とほぼ同様の年中行事に加えて、表向の式日（登城《とじょう》、参勤交代、代替り、御鷹《おたか》の鶴拝領、官位昇進、家督相続など）に連動した祝儀や、当主と家族の慶弔行事（人生儀礼などの儀式）などがある。当家の家臣との間の主従関係に基づく儀礼に加えて、縁戚の間柄でやりとりする贈答は身分的秩序を維持する交際として、重要な意味を持った。

このように、徳川将軍家、および大名家において、出産・養育と、儀礼を介した交際を行う奥向は、当主とその家族の私的な暮らしを支える側面を超えて、権力機構としての家を維持し存続させる役割を果たしていたことになる。ここに奥向が公的あるいは政治的機能を担っていたと考えられるのである。

†相続における正室と後家の役割

一方、大名の正室や後家は、家の相続をめぐる場面で、判断の拠り所とされ、意志決定に主導的な役割を果たすこともあった。福岡藩黒田家は、長崎警護の役目を担う家として、参勤の期間を半年とされ、二年のうち一年半は江戸に当主が不在であった。当主継高《つぐたか》の時代、帰国中の継高に代わり、正室の圭光院《けいこういん》は、継高の養子を選定する交渉で中核的な役割を果たし、継高の上府と最終的な決定に備えたことが知られる。

黒田家は一七六三年（宝暦十三）、継高の二人の実子が相次いで死去し、同姓中から後継候補を確保できない問題に直面した。そこで後継候補として、黒田家にとっては女系の男子の内諾を得たが、その後に老中松平武元《たけちか》が関わり、一橋宗尹《むねただ》の五男隼之介《はやのすけ》の養子話が持ち上がった。老中が裏に立つ一橋家との交渉は、江戸の藩邸主導で行われたが、その際に黒田家側は、家の安定的な存続と、代々家役《いえやく》とされてきた長崎警護の任務の継続という、二つの条件を挙げた。これを提示して保証を取り付ける交渉に、圭光院が介在していたとされる（大森映子「大名相続における女性」『歴史評論』七四七号）。こうした圭光院の役割については、黒田本家の直系の女子の立場が着眼されている。当家の正統な血筋を受け継ぐ女性として、養子問題に主導的役割を果たす立場は考えられることである。

鳥取藩池田家では、四代藩主宗泰《むねやす》正室桂香院が相続に大きな役割を果たしていた。宗泰没後の一七四七年（延享四）、幼少の嫡子《ちゃくし》勝五郎（五代藩主重寛《しげのぶ》）の相続を幕府に認められると、桂香院は、藩邸詰めの家臣たちに、家老を通じて、幼い君主の養育について訓示を申し渡した。長寿を保った桂香院は、存命中四人の当主の交代をみるなかで、池田家の動揺を鎮める役割を何度も果たすことになる。孫の六代藩主治道《はるみち》の没後、継嗣《けいし》をめぐり、藩内の議論が割れた際には、姻戚に当たる松平定信に意見を仰ぎ、銀之進（七代藩主斉邦《なりくに》）の家督相続を決定した。桂香院の発言力については、御三家の紀伊徳川家の出自をその背景にみることができる（谷口啓子『武家の女性・村の女性』）。

仙台藩伊達家では一七九六年（寛政八）、八代藩主伊達斉村《なりむら》の死去により、生後六ヶ月の政千代（のちの周宗《ちかむね》）が跡を継いだが、幼君の襲封準備を整え、その後の補佐体制を固めたのは、七代藩主重村《しげむら》正室の観心院《かんしんいん》であった。観心院は、親類大名らと協議のうえ、政千代の襲封の段取りを決め、重村の実弟で幕府の若年寄を務めていた近江堅田《かただ》藩主の堀田正敦《まさあつ》に藩政の後見を依頼する。一方、藩の奉行衆に対して、藩祖政宗の遺風を失うことなく、士気を奮い起こして領内を鎮静するようにと、指令した。

みずから非常事態を宣言し、奉行衆に伊達家を守り家臣を率いる覚悟を伝えたことは、当主に準じる存在として家の安泰を図る役割を自覚した行動とみてよいだろう。幼い当主が自らの意思で藩政を動かすようになるまで後見をし、藩の頂点に立つ人徳を備えた人物に育てるのも、当主後家の役割であった。

奥女中の職制と役務

奥向に仕える女中の職制は家により、また当主付きと正室付きとで階層の構造が異なる。全体の構造としては、①対外的な折衝を担い「役女」「役人」と呼ばれる役女系列の職務、②当主や家族の身辺の世話や、衣装や道具類の管理などを行う側《そば》系列の職務、③役女と側《そば》女中《じょちゅう》の下で配膳や掃除など雑役に従事する下女《げじょ》系列の職務の三つに大別できる（福田千鶴『近世武家社会の奥向構造』）。

仙台藩伊達家では、十八世紀末の奥女中の職制は、大上臈《おおじょうろう》・小上臈《こじょうろう》・御介添《おかいぞえ》・御局《おつぼね》・老女中（御年寄《おとしより》）・若年寄《わかどしより》・御中臈《おちゅうろう》・若キ衆《わかしゅう》・御小姓《おこしょう》・表使《おもてづかい》・御錠口番《おじょうぐちばん》・御右筆《ごゆうひつ》・御次《おつぎ》・呉服《ごふく》之間《のま》・御三之間《おさんのま》・御末頭《おすえがしら》・中居頭《なかいがしら》・御中居《おなかい》・御使番《おつかいばん》・御茶之間（御走太《おはした》・御半下《おはした》）の二十の階層に分かれている。役女の系列の筆頭である老女は、奥向の総女中を取り締まる大きな権限をもち、仕事は「外向《そとむき》」と呼ばれる親族家との音信《いんしん》贈答を中心とする交際の実務をはじめ、金銀方・召物方・道具方・子女の係、当主の刀持ちなど、多岐にわたっている。そのため、奥向の万事を熟知し、若年寄以下のすべての職務の内容を心得ることを求められ

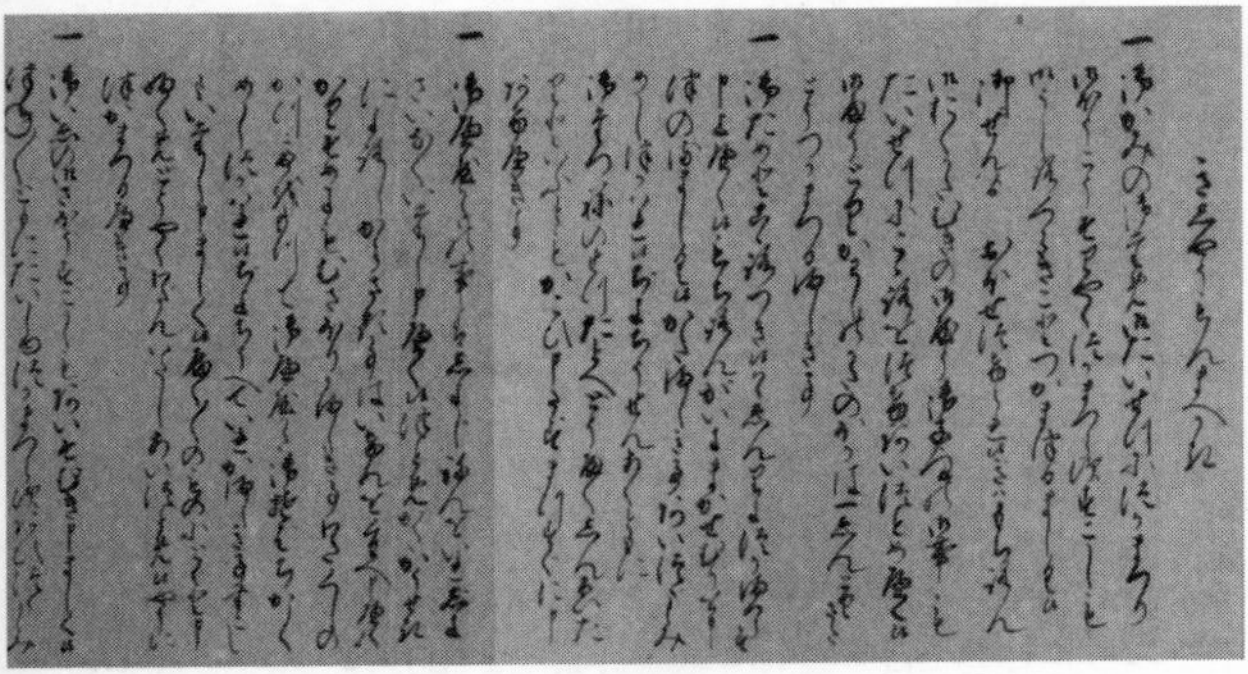

た。

役女系列の奥女中については、男性家臣と同様に、当家への忠誠と忠勤を義務付けられた。これを示すのが誓詞の提出である。写真は、一七四一年（寛保元）に伊達家で老女となった音羽《おとわ》・菅野・浜野の三名が連名で提出した誓詞である。牛王宝印《ごおうほういん》の裏面に、起請文《きしようもん》のかたちで作成しており、血判を添えている点も男性家臣と変わりはない。

それでは、奥女中の仕事は実際、どのように担われていたのだろうか。将軍家と縁戚関係にある大名家で、上臈や老女の役務の一つとされていた御城使《おしろづかい》についてみてみよう。御城使とは、江戸城大奥へ使者となる役目であり、その担当者を呼ぶ名称でもある。奥女中の使者役割は、江戸城だけでなく、大名や公家の屋敷へ使いに出ることもあり、総称して女使《おんなづかい》と呼ばれるが、御城使は江戸城への使者を特定した呼称である。

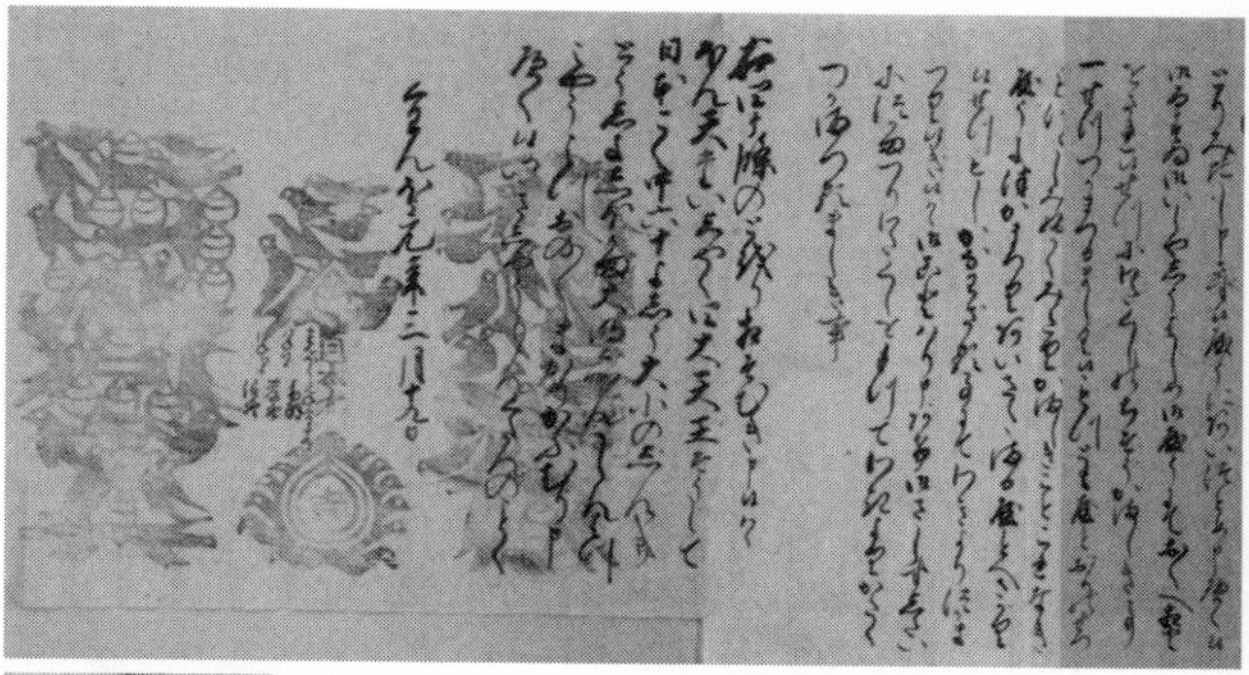

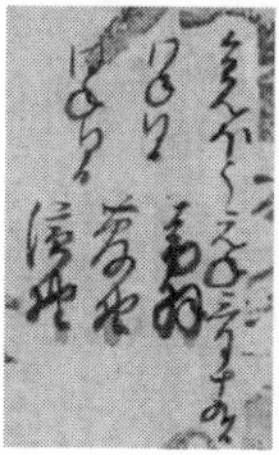

上左／上右　奥女中誓詞　仙台藩伊達家老女　音羽・菅野・浜野（寛保元年３月19日「御老女中浜野他二名連署起請文」仙台市博物館蔵、伊達家寄贈文化財、古記録23-22）
左　上の奥女中誓詞の最後（左端）に書かれた奥女中三名の名前の部分の拡大写真。「音羽」「菅野」「浜野」とある。

江戸城大奥で行われる年中行事や慶弔の儀礼に際して、御城使は、当主や正室の使者として登城し、将軍へ献上する祝儀とその目録を、将軍付き老女に進呈し、あわせて口上を老女に対して述べる。続いて、御台所《みだいどころ》・世子《せいし》への口上を、同じく将軍付き老女に述べる。これに対して老女から、将軍の「仰せ」が述べられた。行事によっては、将軍や御台所から、当日の勤めに対して拝領物がある。これを受けると、自ら礼を述べ、帰館すると主人に報告する。個々の儀礼で献物の中身と献上先は異なり、口上の内容も、その都度変わることになるが、年中行事での基本の行動は、ほぼ変わりはない（柳谷慶子「大名家『女使』の任務」総合女性史学会編『女性官僚の歴史』吉川弘文館、二〇一三）。

この御城使の実務については、登城する上臈や老女だけでなく、献上物の用意や目録の準備、登城の随行に、表使・右筆・御使番など、役女系列の奥女中で役割を分掌し、連携して取り組まれた。将軍家との贈答儀礼は由緒に基づいて回数を定められており、伊達家の正室の場合、月に数度の定例の儀礼に加えて、慶弔儀礼が重なれば、月に十日以上に及んだ。その都度、御城使チームとして祝儀の用意や点検が行われたのである。

登城する御城使は儀式や季節ごとに、衣装や化粧・髪型が異なる。そうした礼式をわきまえ、献上の作法は現場で経験を積みながら、身に付けることになった。このように、極めてキャリア性の高い役務を奥女中が分掌し、協働して取り組む経験は、次の世代の御城使を育成するシステムとして機能していたことを推測できる。

†奥女中の出自と需要

奥女中は国元の城では、家臣の子女を中心に、その妻や後家なども勤める仕事である。これに対して、江戸城および大名の江戸屋敷では、旗本をはじめとする武家の子女が採用されたほか、正室の輿入《こしい》れに随行して、公家の子女が加わった。だが、これだけではとうてい不足し、屋敷関係者の伝手《つて》を頼り、江戸町人の子女が雇われた。さらに、江戸近郊農村の豪農の子女たちが、結婚までの見習いとして、奉公をめざす動向も生まれていた（大口勇次郎『江戸城大奥をめざす村の娘』山川出版社、二〇一六）。武家の奥向の運営は、このように、身分を超えた女性たちの協働によって支えられていたのである。

実際、江戸の奥女中には大きな需要があった。十九世紀前期のデータとなるが、将軍家に仕えていた奥女中の総数は、江戸城本丸大奥に二百七十九人（将軍家慶《いえよし》付き百九十四人、御台所付き八十五人）、西の丸に二百六十七人（大御所家斉《いえなり》付き百八十三人、大御台所付き八十四人）のほか、将軍姫君が嫁いだ先の御殿などを含めると、九百三人にのぼる。このほか、上級女中が身の回りの世話を任せるために自身で雇った部屋方を加えると、二千五百人もの奥女中が将軍家の暮らしを支え、奥向の機能を維持するために、江戸城に住み込んで働いていたのである（竹内誠他編『徳川「大奥」事典』東京堂出版、二〇一五）。江戸市中には二百六十家の大名屋敷があり、五千家の旗本屋敷、さらに一万家に及ぶ御家人が奥女中を雇用していたので、これらを合わせると、近世後期の江戸市中には、およそ二万人から三万人におよぶ奥女中の需要があったとみられている。

奥女中には一生奉公のイメージがあるが、近年の研究で、採用に関わる大名家の史料や、奉公に出した側の農民日記の分析が進み、近世後期には、仲介斡旋《あっせん》する業者である人宿《ひとやど》を通して、雇用契約による年季奉公が浸透していた様相が明らかになっている。信濃松代藩《まつしろ》真田家に残る一八三八年（天保九）から一八六八年（明治元）までの女中奉公人の請状《うけじょう》の分析によると、採用時の年齢は、十一歳から四十八歳までおり、年季は十年季が基本である。下級女中の末の割合が半数を占め、これらは農民・町人・寺の出身の者であるが、武家の出自の者は、中老《ちゅうろう》・側・小姓といった中級の職階で雇われている（福田前掲書）。

一方、奥女中は、身に付けたキャリアを活かして複数の武家を渡り歩き、あるいは結婚・離婚を経て、また後家となった後に、再雇用される道が開かれていた。一定期間を勤めて熟練したキャリアをもつ者は、奥向の職務を担う即戦力として、重宝されたのである。

†女系による家を興す

武家は、一般的には、主君に対して軍役などで奉公してきた男系の家としてイメージされやすい。だが将軍家・大名家ともに、女性を始祖とする女系の家が興されていた。奥向に一定年数を勤めて功績を認められた女中は、自己の家を立てることを許されたのである。乳母《めのと》、生母である側室、女中最高位の年寄などが多くを占めており、その大半は、給付された知行や俸禄《ほうろく》をもとに、親族の中から養子が召し出され、奥女中の名前を名字とする家臣家として興されている。鳥取藩池田家では、これを名跡立《みょうせき》てといい、奥女中を始祖とする家は「御女中《おじょちゅう》跡」と呼ばれた（谷口前掲書）。近世の軍事政権下で、男性の奉公・忠勤を永続化する男系の家だけでなく、女性の功績により奉公を永続化する女系の家が創出され、家臣団に連なったことは、注目されてよいだろう。

仙台藩伊達家では、奥女中の名跡立ては、家臣の系譜を編纂した『伊達世臣家譜《だてせしんかふ》』『伊達世臣家譜続編』により、初代政宗から七代重村まで続いていたことがわかる。五十例を見出せるが、前述した起請文を残した老女の音羽《おとわ》は、四十二年間の勤務の後に家臣家の音羽家を興し、菅野は四十三年の奉公の後に菅野家の始祖となっている。原《はら》家を興した老女絵川《えがわ》の場合は、一七一八年（享保三）、六代藩主宗村《むねむら》の誕生時に乳母として召出《めしだ》されたことを機に、宗村付きの中老を経て、老女に昇進した。

絵川の迎えた養子は一度、廃嗣《はいし》とされたが、一七六〇年（宝暦十）に百九十石余で再度、藩士古関高豊《たかとよ》の次男胤豊《たねとよ》が養子に召出された。絵川は奥小姓に取り立てられた胤豊のもとで、老後を養われ、奉公から五十四年目の一七七一年（明和八）に七十三歳で没した。絵川の出自や、原という名字立ての由来は知られないが、原家の系譜には、冒頭部分に「婦人絵川をもって祖と為す」と記されている。藩主宗村に乳母として仕え、老女に上り詰めた絵川の功績は、原家の語り継ぐべき由緒となったのである。

鳥取藩池田家では、名跡立ては若年寄以上の職位にあった者を対象に、本人からの願いを受け、藩が奉公年数を勘案して認定した。勤続年数四十年以上の取り決めであったが、実際の基準の奉公年数は二十年とされるという。明治初年作成の「御女中跡」と記された史料によれば、全千六百四家の現存家のうち、奥女中を始祖とする家は、士分以上で五十八家を数える。名跡立ては初代藩主光仲の代から、藩が消滅する直前の一八七〇年（明治三）まで続いた（谷口前掲書）。「御女中跡」にはこのほか、隠母《おんば》や乳持《ちちもち》など、当家の子女の出産・養育に関係した女性の子供や孫などを、扶持《ふち》をもとに一代限りで召し出した例などもあり、これらを合わせると、女性を始祖とする家は全体の五パーセントを占める。家臣家に名を連ねた女中のなかには、次男のために新たな家を興したり、兄の代で断絶した家を再興した例などもある。

池田家では、養子を認められた奥女中は、男性家臣と同様に、藩主に対して、「養子の御礼」として献上物を行い、奥女中の養子として奥女中の名は「養子帳」と「相続帳」に記載された。また、養子は奥女中を親として、その名代勤めを行っている。藩主に対する忠誠と永代の奉公を義務付けられた点で、奥女中に始まる女系の武家は、男性家臣の家と変わりないのである。

一方、奥女中の名跡立てが制限される動向も生まれていた。萩藩毛利家では、奥女中側から願い出れば、自動的に認めていた名跡立てを、一七四一年（元文六）に、子や兄弟であっても、以後はいっさい認めないとする方針が定められた（津田知子「萩藩御裏女中と集団」『山口県地方史研究』七八）。徳島藩蜂須賀《はちすか》家も、十七世紀末まで、上級女中に対して長年の功績で認め、なかば慣行化していた家の創設を、一七四四年（延享元）には、小姓以上にのみ、勤功に基づき許可する条件を定め、あわせて長期の勤続功労者には生涯扶持を支給して老後を保障するように、あらたな制度が整えられた。そうした政策にあっても、幕末には藩士の家の二・八パーセントを老女や乳母などを始祖とする家が占めているのである（根津寿夫「徳島藩蜂須賀家の『奥』」『史窓』三十八）。

奥女中の名跡立ては、その功労を称揚する主君の配慮と、奥女中側の家の創設に対する願望を背景に生まれたものであったが、実質的には、奥女中が老齢や病気などで勤務を退いた後の生活を保障する側面が大きかったとみられる。ただし、新規の家の取り立ては財政的負担を伴うものでもあり、当人一代に扶持を支給する対応が志向されるようになったのである。

†江戸開城と将軍後家の役割

幕末の戊辰《ぼしん》戦争さなかの江戸城大奥にあって、前将軍御台所の天璋院《てんしょういん》と静寛院宮《せいかんいんのみや》が、朝廷から征討令を下された将軍徳川慶喜《よしのぶ》の謝罪と、徳川宗家《そうけ》の家名存続の嘆願を、生家の関係者に取り次いでいたことは、よく知られている。二人の将軍後家の行動は、家の安泰と存続に寄与する武家の正室の役割が当主不在の城中で機能した、象徴的かつ最後の姿として捉えることができる。

一連の経緯については、従来一次史料として活用されてきた『静寛院宮御側日記』『静寛院宮御日記』に加えて、近年「和宮《かずのみや》上臈玉島日記」や『大奥御年寄瀧山日記』など、新たな史料の発掘・翻刻が進み、女使として派遣された奥女中の具体的な動きを含めて、詳細を検証できるようになった(畑尚子「静寛院宮・天璋院の行動と江戸城大奥の消滅」奈倉哲三他編『戊辰戦争の新視点』上、吉川弘文館、二〇一八)。先行研究の成果に拠りながら、天璋院と静寛院宮の果たした役割と行動を見渡すと、大きく三点を指摘することができる。

第一に、徳川家と生家の関係者との周旋を担い、慶喜の朝廷への謝罪と徳川宗家の存続の嘆願・交渉を行ったことである。静寛院宮の行動は、一八六八年(慶応四＝明治元)一月十七日、慶喜の書いた嘆願書をみずから修正し、さらに東海道先鋒《せんぽう》総督となる橋本実梁《さねやな》、および橋本実麗《さねあきら》への直書《じきしょ》を準備したことに始まる。これをもたせて土御門《つちみかど》藤子《ふじこ》を女使として京都に出立させ、その後も二月・三月に数度、東海道の橋本のもとに藤子を派遣して、嘆願の傍ら、情報を入手した。三月十一日には、東山道先鋒総督岩倉具定《ともさだ》のもとに、進撃の暫時中止を要請するため、侍女の玉島を送り、あわせて陣の動きを探った。

一方、天璋院は、二月下旬とみられる時期に、東海道鎮撫《ちんぶ》軍隊長に宛て、徳川家に対する寛大な処分を朝廷に斡旋することを懇願する書状を届けている。三月十一日には、薩摩藩邸で療養中であった老齢の年寄幾島《いくしま》を使者として東海道川崎宿《しゅく》へ向かわせたが、幾島は総督府先鋒隊の参謀であった西郷隆盛と面会し、徳川宗家の存続を強く望む天璋院の書状を届けることができた。

三月十四日に陸軍総裁の勝海舟と西郷の二度目の会談がもたれ、翌十五日に予定されていた江戸城総攻撃の中止が決定する。勝を中心に、旧幕府側は、さまざまなルートで、総督府の降伏条件を探る交渉を続けていた。総攻撃が中止に至った判断に、天璋院と静寛院宮のパイプ役割や、嘆願書の実際の効力を見極めることは難しいが、積み上げられた交渉の一石であったことは確かであろう。二人の将軍後家は、みずからの役目を自覚した行動を尽くしたといえる。指示を受けて道中を往来していた女使の働きも、見落とすことはできない。

第二に、天璋院と静寛院宮は、江戸の士民の暴発を押さえるための触《ふれ》を二度にわたり、徳川家中へ発令した。一度目は、総督府の江戸への進軍が近づき、江戸城総攻撃が分かった段階の三月八日に、静寛院宮により準備された。二度目は、開城後の三月十九日に、天璋院の意向として徳川家中に出された。三週間後の四月九日に天璋院は一橋邸へ、静寛院宮は清水邸へ引き移り、二日後の四月十一日、江戸城はほぼ混乱なく官軍に明け渡された。将軍不在の非常事態が続いた江戸城にあって、二人の将軍後家の立場は、徳川家中の結集の要であったといえる。徳川の家名を存続したいとする、一点の目的で起こした行動であったが、結果として、江戸開城に伴う戦禍を回避することができたのである。

第三に、江戸開城後も、新政府による徳川宗家の継嗣と領地の決定に、二人は徳川家の斡旋役として動いた。田安亀之助（家達《いえさと》）の相続が決まると、亀之助の養育や、大名間の座順などに関して、引き続き薩摩の西郷と橋本実梁へ申し入れを行っている。駿府七十万石への移封処分に憤慨した天璋院は、奥羽列藩同盟の盟主となった輪王寺宮《りんのうじのみや》と、同盟の中心であった仙台藩主伊達慶邦《よしくに》のもとに、薩摩の追討と徳川家の再興を願う書状を届けている。徳川将軍家が瓦解してなお、家政の存続を諦めきれずに起こした行動であったのだろう。

一八七一年（明治四）の廃藩置県により、大名家の政治も消滅し、当主の妻と奥女中が支える家政のシステムは、その役割を終える。維新政府は、女性を政治空間から完全に排除して、全国統一の支配を開始した。近代の政治・行政のシステムに、女性が公務員として登場するのは、しばらく先のこととなる。

さらに詳しく知るための参考文献

長野ひろ子『日本近世ジェンダー論』（吉川弘文館、二〇〇三）……政治構造における女性の位置づけをジェンダーの視点から、女性知行の設定や奥女中の役割に着目して論じた先駆的な研究書。

畑尚子『徳川政権下の大奥と奥女中』（岩波書店、二〇〇九）……江戸城大奥と大名家の奥女中の職制と人事、奥女中制度の相互の繋がりを実態的に分析し、奥向の機能と役割に言及する。

歴史科学協議会編集『歴史評論』七四七号（校倉書房、二〇一二）……「『奥』からみる近世武家社会」の特集を組み、松尾美恵子「将軍御台所近衛熙子（天英院）の立場と行動」、松崎瑠美「大名家の正室の役割と奥向の儀礼」など、本講のテーマと関わり具体的で興味深い史料分析を行った論考五編を収載する。

谷口啓子『武家の女性・村の女性』（鳥取県史ブックレット、二〇一四）……鳥取藩池田家に残る史料から当主正室、奥女中、家臣の女性の動向を取り上げ、家を守る姿、本講でとりあげた「御女中跡」の詳細を紹介する。

福田千鶴『近世武家社会の奥向構造』（吉川弘文館、二〇一八）……表向・奥向の理解に新たな見解を示したうえで、奥向の構造を妻妾《さいしょう》制の展開、および将軍家・大名家相互の交流、職制と役務などの観点から実証的に解明した労作。

第8講 多様な身分——巫女

西田かほる

†宗教者身分の成立——神職

巫女《みこ》について考える前に、近世の神職全体を見ておきたい。近世は身分制社会であった。神職は古代以来連綿と続く身分のように思われているが、大社は別として、地方中小社の神職身分は近世に成立したのである。

近世の神職は年貢を免除された土地（あるいは将軍によって認められた朱印地や領主によって認められた黒印地）に建つ神社に奉仕する者である。複数の神職がいるような大社であれば、社領の配当をもって神職身分と認められた。たとえ神社に奉仕していても、それが年貢地に建つ神社であれば神職とはいえなかった（西田かほる『近世甲斐国社家組織の研究』山川出版社、二〇一八）。幕府は一六六五年（寛文五）に諸社禰宜神主法度《しょしゃねぎかんぬしはっと》（神社条目）を出し、京都の公家で神祇管領長上《じんぎかんれいちょうじょう》の吉田家に神職の装束を免許する権利を認めた。神職が白張《しらはり》以外の装束を着る場合には、吉田家の免許状を得るように命じたのである。以後、全国の神職は吉田家が発給する神道裁許状をもって神職であることを確実にした。このような吉田家の立場を本所《ほんじょ》という。神道裁許状は風折烏帽子《かざおりえぼし》・狩衣《かりぎぬ》などの装束を認める免許状であるが、そこに神社名が記されていることに特徴がある。神社を管理する者であっても、神道裁許状を得ていなければ百姓であり、鍵取《かぎとり》や宮守《みやもり》と称された。神職の身分は寛文年中までにはほぼ確定し、近世を通じて維持されていった。また神職は吉田家から免許状を得ると受領名を名乗り、あるいは朝廷から官位を得ることも可能になった。地方中小社の神主《かんぬし》であっても、朝廷の一員としての意識を高めていったのである。

†多様な神職――御師

このような幕府の方針の下、それまで曖昧な状態にあった宗教者もその身分を確定させていった。たとえば富士山御師《おし》である。富士山御師は富士登山口に居住し、信者を富士山へ案内するとともに、宿泊の世話や祈禱を行った者である。あるいは信者のいる村々（檀那場《だんなば》）へ出向き、富士山牛王《ごおう》や御影《みえい》などの札を配った。御師には錫杖《しゃくじょう》を持ち数珠《じゅず》を用いた者もいたように、修験とも神職ともつかない曖昧さがあった。宝暦期、甲斐国都留郡《かいのくにつるぐん》川口村(現山梨県富士河口湖町)の富士山御師は同村の川口浅間神社の神主と対立し、御師は富士山を神体として崇めているのであって浅間神社とは関わりがないと主張した。しかし幕府の裁許によって、御師は浅間神社に属することが確定した。御師は浅間神社の配当などを得ていたわけではないが、富士山を信仰する人びとに配札をするという檀那場の権利を持っていた。檀那場という信仰に関わる家産を持ち、吉田家から「冨士浅間御師」という神道裁許状を得たことによって、神職の一種としての御師という身分が確立したのである。

この争論の際、御師は吉田家配下の神主に反発し、いっせいに神祇伯《じんぎはく》白川家に入門している。白川家は神祇官《じんぎかん》の長として内侍所《ないしどころ》および八神殿の奉仕にあたるとともに、御拝《ごはい》の作法を天皇や皇族・摂関に伝授する役割を担っていた。ところが宝暦期以降、白川家は吉田家と同様に本所として全国の神職に神拝式の伝授や装束免許状を出しはじめた。御師たちは吉田家配下の神主に反発し、白川家からの免許状を得たのである。裁許の結果、御師たちは白川家の免許状を返上して吉田家から免許状を得ることになり、白川家からは神道行事のみ伝授されることになった(甲州史料調査会編『富士山御師の歴史的研究』山川出版社、二〇〇九)。

もともと吉田家は朱印地を持つような神社の神職に神道裁許状を発給する方針であったが、白川家の動向をうけて、たとえば百姓へも宮守の免許状を出していった。白川家はこれまで吉田家が目を向けなかった社人《しゃにん》や上棟式を行う大工、あるいは医師、木地師《きじし》などの職人、講組織などにも積極的に免許状を発給して配下を獲得していった。身分にかかわらず、多様な人びとに免許状が出され、神道行事が伝授されていったのである。

†民間宗教者

明治になると、御師は新政府の宗教政策により姿を消した。同様に今では幻になってしまった民間宗教者がいる。陰陽師《おんみょうじ》や万歳《まんざい》、神事《しんじ》舞太夫《まいだゆう》、あるいは夷職《えびすしょく》や説教太夫（簓《ささら》）、願人坊主《がんにんぼうず》、鉢叩《はちたたき》などである。陰陽師は占いや祈禱を行う者であり、神事舞太夫は神楽を舞ったり家々の竈《かまど》を祓ったりすることを職分としていた。民間宗教者はもともと大寺社を拠点に地域の神事などに関わっていたが、近世になり各村に神職が誕生するにつれてその役割を減じ、百姓と把握されつつも職分を保持した者たちである。

民間宗教者の職分は、神職と同様、公家や大寺社を本所《ほんじょ》（本山、頭《かしら》）として免許状を得ることにより社会的に認められた。幕府は本所を頂点とする組織によって、宗教者を掌握あるいは統制しようとしたのである。陰陽師は公家の土御門《つちみかど》家、神事舞太夫は江戸浅草三社神社神職の田村八太夫、夷職は摂津国《せっつのくに》西宮神社、説教太夫は近江国関蟬丸《せきせみまる》神社別当三井《べっとうみい》寺近松寺《でらごんしょうじ》、願人坊主は山城国鞍馬寺《やましろのくにくらまでら》、鉢叩は山城国空也堂《くうやどう》、盲僧《もうそう》は青蓮院門跡《しょうれんいんもんぜき》などを本所とした。もともと民間宗教者は地域において多様かつ同質の職分を担っていたが、それぞれ本所から免許状を得ることによって職分が分化していくことになった。民間宗教者の本所が活動をはじめるのは元禄期以降、特に宝暦期から急速に展開していく。ただし信濃国《しなののくに》伊那《いな》郡《ぐん》（現長野県飯田市）の笠の者などのように、本所を持たない民間宗教者もわずかながら存在した。

民間宗教者は年貢地に住み、宗教施設も持っていなかったため、身分としては百姓であった。しかし一般の百姓とは異なり、自らの職分を成り立たせるための家産を持っていた。檀那場とよばれる配札場や職分のための道具などである。さらに民間宗教者は、本所の許可を得れば苗字を名乗ったり帯刀したりするなどの特権を得ることができた。土地に加え職分からも収益を得て、裕福な者もいた。それらは百姓からすれば村の秩序を乱すことと認識された。また、民間宗教者は村の警固《けいご》などの下役を担ったり勧進をしたりすることから、村内において差別的な扱いを受けることもあった。それゆえ百姓と民間宗教者との間でしばしば争論が引き起こされた。

†巫女とは

民間宗教者の一つに、巫女がある。「みこ」を辞書でひくと「巫女・神子」とあり、「神

「東北院歌合」に描かれた巫女

に奉仕して、神楽《かぐら》などをする者。また、祈禱を行い、神託を告げたり、口寄《くちよせ》などをしたりする者。未婚の女性が多い。」（『日本国語大辞典』小学館）とある。巫女は神に奉仕して神楽を舞ったり、祈禱を行ったりする者で、神託や口寄せをする。また、未婚の女性が多いという。現在、神社にいる若い未婚の女性というのが巫女に対する共通のイメージであろう。

　では、近世の巫女の実像はどうであろうか。まず「みこ」は女性であろうか。神に仕え神楽や祈禱を行う者は「巫覡《ふげき》」と称された。巫は女性であり、覡は男性で神楽男《かぐらお》とか神楽祝《はふり》などともいう。「巫女」と書けば女性であるが、たとえば、摂津国西宮神社（現兵庫県西宮市）で神楽を奏した神子は、全員が男性であった。神子は女性とは限らないのである。では、女性の巫女は若く未婚なのであろうか。中世に描かれた「東北院歌合《うたあわせ》」や「年中行事絵巻」などを見ると、巫女は髪が薄く、皺《しわ》も描かれている。十六世紀半ば、宣教師ルイス・フロイスは、大和国春日若宮（現奈良県奈良市）に「神子《みかんこ》と名づける女僧《にょそう》たちの大きな家があります。ほとんど皆四、五十歳、またそれ以上です」と記している（ルイス・フロイス『日本史』)。巫女は年配だったのである。甲斐国窪八幡宮《くぼはちまんぐう》(現山梨県山梨市、大井俣《おおいまた》窪八幡神社)には江戸時代を通じて四人の巫女がいた。人別帳《にんべつちょう》でわかる範囲になるが、最年少の巫女は十八歳、最年長の巫女は八十四歳であり、一七九四年(寛政六)の例では八十二歳、七十四歳、六十九歳、六十九歳という年齢構成であった。さらにフロイスは春日若宮の神子について、「彼女たちは社人と名づける一種の僧侶と結婚しています」と記している。窪八幡宮の巫女たちも、みな結婚をしていた。巫女が既婚者であることはこれまでの研究でも繰り返し述べられてきたが、いまだに未婚の印象は拭えていない。

またフロイスは春日若宮の神子を女僧、社人を僧侶と記していた。フロイスの間違いにも見えるが、若宮の神子座は興福寺《こうふくじ》西金堂《さいこんどう》の堂衆の支配下にあり、その意味では巫女を女僧といっても的外れではない。あるいは窪八幡宮の巫女は、十七世紀前半には社家《しゃけ》(社人)と社僧・修験(坊中《ぼうちゅう》)のうち、坊中に属していた。そもそも巫女の修法や道具は仏教の影響を強くうけていた。近世は神仏習合でありながらも、身分の成立とともに神職と僧侶は明確に区分されていくが、女性は身分の主体ではなかったから、神仏習合を維持し続けたのである。それは同時に堕落とも捉えられ、宗教者としての巫女の立場を低くしていった(西田かほる「女性宗教者の存在形態」『日本人と宗教』六、春秋社、二〇一五)。

†妻子としての巫女

既婚者の巫女について、「女神子の夫ハ社家・山伏・陰陽師の由、是ハ勿論ニ候得共、百姓・町人又ハ侍分ニも神子これ有り候由」と記した史料がある（長野県佐久市「大草家文書」）。神社に奉仕する巫女の夫が百姓という事例はあるが、武士については定かではない。いずれにしても、巫女の夫が社家や山伏、陰陽師であることは当然のことと理解されていたことはわかる。

近世の身分は男性を家長とする家を前提としていたため、巫女は家長である夫や父の属する本所を自らの本所とした。家長が神職であれば吉田家、神事舞太夫であれば田村八太夫、陰陽師であれば土御門家から巫女許状を得たのである。巫女独自の本所はなかった。異なる本所から免許状を得たことで、巫女の職分も本所ごとに規定され、名称も区別されていった。吉田家の場合は「巫女」、神事舞太夫の場合は「梓神子《あずさみこ》」、修験道本山派の場合は「守子《もりこ》」などと称された。陰陽道では「巫女」、「神市《かみいち》」ともいい、梓神子のように死者の口寄せを行う巫女は「仏市《ぶついち》」ともいった。

では、巫女は家の一員としてのみ存在していたのであろうか。窪八幡宮の人別帳では、社人の妻が巫女になると家の人別から外され、帳面の最後に巫女名を記すようになる。巫女名には一つ書もなく押印もないことから、巫女が人別の主体になったとまではいえないが、社人の妻ではなく巫女としての立場が優先されたことになる。

また、巫女は異なる職分の者を婚姻という形で結びつけた。民間宗教者は本所が異なっても身分としては同一であったために、結婚相手に相応しかったからである。たとえば甲斐国の陰陽師は、毎年信濃国から仏市が数百人ほどやってくるので、「つい夫婦」になってしまうと述べている。しかし他職の巫女との婚姻は職分の混雑を招くことに他ならず、本所から禁止される行為であった。さらに、それぞれの職分が定まる過程においては、巫女の職分や帰属をめぐって民間宗教者の間で争論が頻発した。たとえば一七一三年（正徳三）に神事舞太夫と梓神子の職分が幕府に公認されると、夷職は梓神子を抱えることができなくなった。民間宗教者にとって巫女の存在は重要であったが、厄介なものでもあった。

†梓神子

民間宗教者の巫女を具体的に見ていこう。まずは梓神子である。田村八太夫配下の神事舞太夫は一七九〇年（寛政二）段階で、関八州《かんはっしゅう》と信濃国・甲斐国に六〇一軒あった（林淳『近世陰陽道の研究』吉川弘文館、二〇〇五）。「我国随一の巫女村」と称された信濃国小県郡《ちいさがたぐん》祢津村《つむら》（現長野県東御市《とうみ》）の場合、神事舞太夫一軒につき三〜四人の梓神子がいた（中村太郎

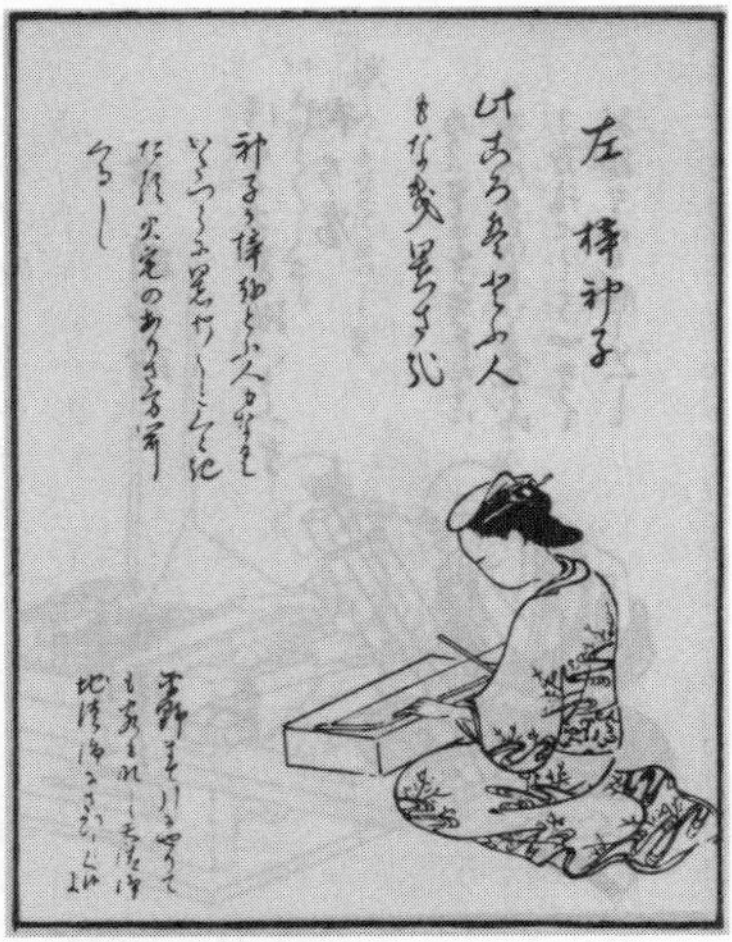

「職人尽発句合」(寛政８年刊)に描かれた梓神子

『日本巫女史』大岡山書店、一九三〇)。梓神子は神事舞太夫の妻子や各地で預かった養女である。神事舞太夫は梓神子を引率し、四月~十一月頃まで関八州を中心として東北南部から大坂辺りまで巡業した。

神事舞太夫は大黒の札を配り、竈を祓い、祭礼の宮で舞や音曲《おんぎょく》を勧め、月《つき》待《まち》・日《ひ》待《まち》の際には幣《ぬさ》を作り数珠や錫杖を持って祈禱することなどを職分とした。梓神子は、紙で青《あお》襖という雛形を切り竈の向かいに張って竈を祓う、絵馬札を配る、数珠占や口寄を勧めることを職分とした。竈は毎日の食事を煮炊きする場所であるとともに先祖との共食を意味する施設として、家の中で一番重要な場所であった(勝俣鎮夫『中世社会の基層をさぐる』山川出版社、二〇一一)。そこを浄めるのが彼らの役割だったのである。梓神子の特徴である口寄については、外《げ》法箱《ほうばこ》という箱の上に梓弓《あずさゆみ》を乗せ、それをかき鳴らして霊などをおろした。

世間からは「神子口よせの類ハ年中他行致し、口過も仕居候得ハ、宿々食盛女同様の類」と認識されていた。口寄神子は、売春などもした飯盛女と同様の者というのである。下野国《しもつけのくに》那須郡市野沢村（現栃木県大田原市）の源左衛門が祢津村の習合家（神事舞太夫）へ出した一札には、貴殿弟子娘（梓神子）が職分を勤めかねるというので自分が貰い受けることになったが、当人をどこに住まわせたとしても遊女奉公はさせないとある（石川好一『信濃の歩き巫女』グリーン美術出版、二〇一二）。解釈は難しいが、ともすれば梓神子やそれを辞めた女性が遊女奉公をさせられる可能性があったということになろうか。

†陰陽師の巫女

次に陰陽師の巫女を見てみよう。甲斐国の陰陽師小山仁右衛門《にえもん》の母は右近という巫女で、一七九七年（寛政九）に八十八歳になった。そこで「八木之守」という御守りを配ったところ、「米守」「寿命守」といって世間の人びとが大喜びし、少しの心付けをもってもらいに来たという。甲斐国の陰陽師触頭《ふれがしら》は、あまりに目出度《めでた》いことであり、ことにずっと奉公をしている者であるので御褒美をくださるよう本所土御門家へ願い上げている（一橋大学経済研究所附属社会科学統計情報研究センター所蔵「山梨県中巨摩《なかこま》郡《ぐん》大井村堀田家文書」）。巫女は占いのみならず、臨機応変に職分を全うしたのである。

梓神子のように各地を廻村する巫女もいた。一八三九年（天保十）、信濃国福嶋宿《ふくしましゅく》（現長野県須坂氏）で捕縛《ほばく》された無宿《むしゅく》の陰陽師守屋安芸《もりやあき》一行の中に二名の巫女がいた。安芸の妻笹森と息子の陰陽師平馬《へいま》の嫁である。吟味の中で笹森が語った自らの来歴は次のようなものであった。

信濃国諏訪郡尾和《おわ》村（大和村、現長野県諏訪市）に生まれ、すぐに母を亡くし、父も七歳の時に死んだため、村内の厄介となって日稼ぎで生活をしていた。十六歳の時に尼《あま》にもなり、父母の菩提を弔《とむら》いたく家出をしたところ、同国芦田宿《あしだしゅく》で下野国宇都宮（現栃木県宇都宮市）諏訪宮神主と名乗る安芸と夫婦になった。安芸は占いや配札などを渡世《とせい》としていたので、私に神子職を習うようにいい、神子職に入った。安芸は他国で渡世をし、少々蓄えができると帰ってきた。その折々一緒に所々を廻り、辻占いや祈禱などをしていた。神子職の合間には布絞りや縫い針などをして、子供を養育してきたという。安芸が言うには、女房は諏訪近辺で神子職渡世を行ってきたが、住所不定、所の人別にも加わっていないとした。事実はわからないが、笹森は四人の娘を連れ、安芸と息子夫婦とともに他国を転々としながら神子渡世をしていたようである。

安芸の行動範囲はわかる限りで、下野国栃木、安房《あわ》国、駿府《すんぷ》、尾張国、上野国草津に及ぶ（西田かほる「無宿の陰陽師守屋安芸をめぐって」『近世の宗教と社会』一、吉川弘文館、二〇〇八）。

笹森のいう諏訪、芦田宿、宇都宮は陰陽師をはじめとする民間宗教者が集住した地域であり、それらを拠点とした民間宗教者の繋がりが存在したのであろう。笹森が安芸に出合い巫女職に入ったのも、偶然ではないのかも知れない。

†免許における性別

守屋安芸は無宿であったが、土御門家から免許状を得ていた。土御門家は天明期を境に、陰陽道の職分を行う全ての者に免許を与えることによって配下の獲得につとめようとしたからである。土御門家に貢納料を払い免許を得れば、誰でも陰陽師になれたのであり、逆に占いなどの職分を行うものは、土御門家から免許を得なければならなくなったのである。武士も百姓も僧侶も神主も、その別はない。

同時に土御門家直支配の地域では、職札をはじめとして新組・本組・一本職・御門人《ごもんじん》という階層をつくり、免許する職分と貢納料に差をつけた。「巫女職」は「本組同様之事」と位置づけられていたが、女性でも職札などの免許を願うことができた。たとえば、一八六八年（慶応四）九月の土御門家の日記をみると、讃岐国香川郡東上多肥《たひ》村（現香川県高松市）の佐和女と同国三木郡平木《ひらぎ》村（現同県木田郡三木町）の多賀女が本組を願い上げ、二人分の礼金として金二両を上納し、免許状を得ている（宮内庁書陵部所蔵「土御門家諸国陰陽師支配方日記」)。二人の女性は、巫女職免許ではなく男性と同じ本組の免許を得たのである。貢納料の前には身分も性別もない。全て平等なのであった。

ところで、巫女の職分の一つである神託や口寄などの際の憑依は、神秘性を持った特殊な能力であり、超時代的な女性の特質と理解されることが多い。しかし近世の巫女は男性の宗教者と同じように本所の免許を得て職分を行っていたのであり、女性の特質というのであれば、家のあり方にこそ着目すべきである。近世社会の仕組みの中に巫女を置くことにより、逆に個々の巫女の個性的かつ主体的な営みが見えてくるのである。

さらに詳しく知るための参考文献

梅田千尋『近世陰陽道組織の研究』(吉川弘文館、二〇〇九)、林淳『近世陰陽道の研究』(吉川弘文館、二〇〇五)、『陰陽道の講義』(嵯峨野書院、二〇〇二)……いずれも、近世の陰陽道を知るための必読書。

高埜利彦『近世日本の国家権力と宗教』(東京大学出版会、一九八九)……天皇・朝廷をも含めた近世国家の枠組みの中に宗教を位置づけ、その後の近世史研究に大きな影響を与えた書。

柳田国男「巫女考」(『柳田国男全集11』ちくま文庫、一九九〇)……巫女研究の基礎となる古典的名著。

神田より子『神子と修験の宗教民俗学的研究』(岩田書院、二〇〇一)……ここでは取り上げることのできなかった修験系神子を民俗学から分析した書。

第9講　対外的な圧力――アイヌの女性

岩﨑奈緒子

†アイヌの歴史を書くことの難しさ

二〇一九年（平成三十一）四月、国会において、「アイヌの人々の誇りが尊重される社会を実現するための施策の推進に関する法律」、いわゆるアイヌ民族支援法が成立した。日本列島北部周辺、とりわけ北海道に、本州以南の人びと（以下「和人《わじん》」と記す）が移住する以前から居住し、独自の文化を育んでいたアイヌの人びとを、初めて法的に「先住民族」と規定した法律である。

アイヌ民族にとっての近代は、明治政府の国策として北海道の開拓が強力に推進されるのに併行して、生活する場所を奪われ、「旧土人」と呼ばれ差別され、同化を余儀なくされた時代であった。その間に彼らが奪われた数々の権利の問題が未解決であるなど、課題は少なくないものの、アイヌ新法に「先住民族」と記されたことは、アイヌ民族復権の大きな一歩といえよう。

では、一八六九年（明治二）に北海道の名を与えられる以前、そこに先住していたアイヌの人びとの歴史とは、どのようなものだったのだろうか。和人の移住地は渡島《おしま》半島の南西端の松前と呼ばれる地域に限られ、その大部分が蝦夷地《えぞち》と呼ばれていた時代に、アイヌの人びとがいかに生きたのかを質《ただ》すこの問いに答えることは、とても難しい。

歴史学は、記録をひもといて過去に起こった事実を明らかにし、その事実にどのような意味があったのか、時間の流れの中において検証する学問である。ところが、アイヌの社会は無文字社会であったから、彼らが自らの言葉で文字を綴って残した記録は存在しない。明治に入って、アイヌの口承文芸が採集され、アイヌの人びとの精神世界に触れることはできるものの、そこから、歴史的事実を拾い上げることは困難である。そのため、近代以前のアイヌの歴史は、和人の残した記録を調べて記述する方法を採ることとなり、おのずから、アイヌの人びとの外側から見た歴史にならざるを得ないという限界がある。

しかも、よりどころとなるべきその記録はおおむね断片的で、蝦夷地を旅した者が垣間見た光景を書き留めたものや、蝦夷地に赴任した役人の残した行政文書等から成り、そこには、アイヌの人びとの心性や社会に寄り添って、その意味を問うようなまなざしはない。

自分たちとは違う、未開な人びとというのが、和人のアイヌに対して持ったごく一般的なイメージであり、和人の残した記録の中に、アイヌの人びとが何を感じ、何を考え、どのように生きようとしたのかを、長い時間軸の中において考察する手がかりは乏しい。

本講のテーマであるアイヌの女性の歴史を、彼女たちを主体にすえて語ることは、なおさら難しい。蝦夷地やアイヌについての記述は十八世紀後半以降増加傾向にあるが、それでも女性について語るところは少ない。蝦夷地を旅する和人といえば男性に限られていた時代である。アイヌ女性への言及が少ないのは、観察者である和人男性とアイヌ女性との接点が少なかったからなのか、それとも、彼らの封建的価値観に基づく視界がアイヌ女性をとらえなかったからか。その理由を、私たちはもはや知ることはできない。

このような事情から、本講では、十八世紀後半以降の日本をとりまく国際情勢の変化と、それに伴い、蝦夷地・アイヌ、ひいてはアイヌの女性の、日本にとっての位置づけが変転を遂げていく様子をたどることとしたい。

†ロシア現る

学校で学ぶ日本史の教科書には、十八世紀後半以降の日本をとりまく国際情勢の変化を表す語として、必ずと言っていいほど「ロシアの南下」と見える。確かに、世界地図を見れば、ロシアはユーラシア大陸の北部を占めており、現代の私たちにとって、ロシアの接近を「南下」というのは違和感なく受け入れられる表現である。しかし、江戸時代の人びとがそれを「南下」として受け止めたのかと言えば、それは違う。

近世の日本がロシアの存在を初めて把握したのは、十八世紀末のことである。十六世紀にシベリアへの進出を始めたロシアが、カムチャツカ半島まで版図を広げたのは十八世紀初めだが、その後一世紀近くの間、蝦夷地の東にあるいわゆる千島《ちしま》列島のその先がどこに続くのか、蝦夷地の北にあるカラフトのその先がどこにつながるのかを知る者は、日本には存在しなかった。

ロシアという国家がそこにある事実を初めて明らかにしたのは、一七八三年（天明三）に成立した工藤平助の「加模西葛杜加《かむさすか》国風説考」である。「赤蝦夷風説考」という誤った名前で知られるこの書は、ベニョフスキーという人物が残した謎を解き明かした書物であった。

ベニョフスキーとは、ハンガリー人でポーランド軍に入り、ロシアと戦って捕虜となり、カムチャツカに流刑された人物である。一七七一年（明和八）にロシアの軍艦を奪い、ヨーロッパに戻る途中日本に立ち寄り、長崎出島のオランダ商館長宛てに手紙を残した。そこには、「ルス国」が「カムサスカ」に軍艦を集結させ、その付近の「クルリイス」という島に武器庫を作り、日本の地をうかがっている、とあった（『辺要分界図考』）。

当時日本で見ることのできたオランダ製の世界地図には、「カムサスカ」も「クルリイス」も存在せず、「ルス国」はヨーロッパに位置していた。中国の地図にも情報はない。しかし、ベニョフスキーの手紙が伝えるのは、聞き捨てならない情報である。しかも当時日本国内には、その正体は不明だが蝦夷地に第三の勢力が散発的に現れているという風聞《ふうぶん》が渦巻いてもいた。こうして、「ルス国」の拠点とされた「カムサスカ」探しが始まった。蘭学者たちはオランダから新たに地理書を求め日本北辺の地理研究を深化させた。工藤は、その成果と、松前から入手した独自の情報とを総合して、「カムサスカ」＝カムチャツカの地理と「ルス国」＝ロシアによる包摂の歴史を解明した「加模西葛杜加国風説考」を完成させたのであった。

本書は、千島列島がカムチャツカ半島に連なっている事実を解明した日本初の書物というだけでなく、近年になって、西はヨーロッパ、東はカムチャツカ半島からエトロフまでを包む巨大な国家ロシアを日本で初めて描いた世界地図を、付図として挿入していたことが確認され、その意義が再評価されている。ヨーロッパ諸国に立ち後れていたにもかかわらず、科学と技術の振興により、豊かで強大な軍事力を有する、世界に冠たる地位にのぼりつめた文明国。工藤が本文で描き出すこうしたロシアの姿は、世界地図上の朱線で縁取られた領域がどの国よりも広い理由の、わかりやすい説明であったに違いない【図1】。

ある日突然、古代以来日本にとって文明の中心であり大国であり続けた中国をはるかに凌駕する、巨大なヨーロッパの文明国が忽然と姿を現したのである。しかも、蝦夷地をはさんで日本と対峙しているのだ。その衝撃の余波は、蝦夷地・アイヌのあり方にも及んでいった。

†蝦夷地が変わる

巨大国家ロシアの出現は、日本にとっての蝦夷地の意味合いを大きく変えた。工藤が提出した「加模西葛杜加国風説考」によりロシアの存在を知るや、幕府は、一七八五年(天明五)から一七八六年にかけて蝦夷地見分を実施した。実態把握のためであり、蝦夷地が日本とロシアの狭間にある境界領域として急浮上した事態への、最初の反応に他ならない。

この蝦夷地見分では、最上徳内《もがみとくない》が幕府の役人としては初めてエトロフに足を踏み入れ、そこでロシア人と接触した。その存在を知らしめたとはいえ、工藤の描いたロシアは、オランダの書物と松前からの情報を元に再構成された、いわば観念上の存在に過ぎなかった。しかし、この見分により、蝦夷地の背後に、ロシアが実体を持って存在することが確認されることになった。

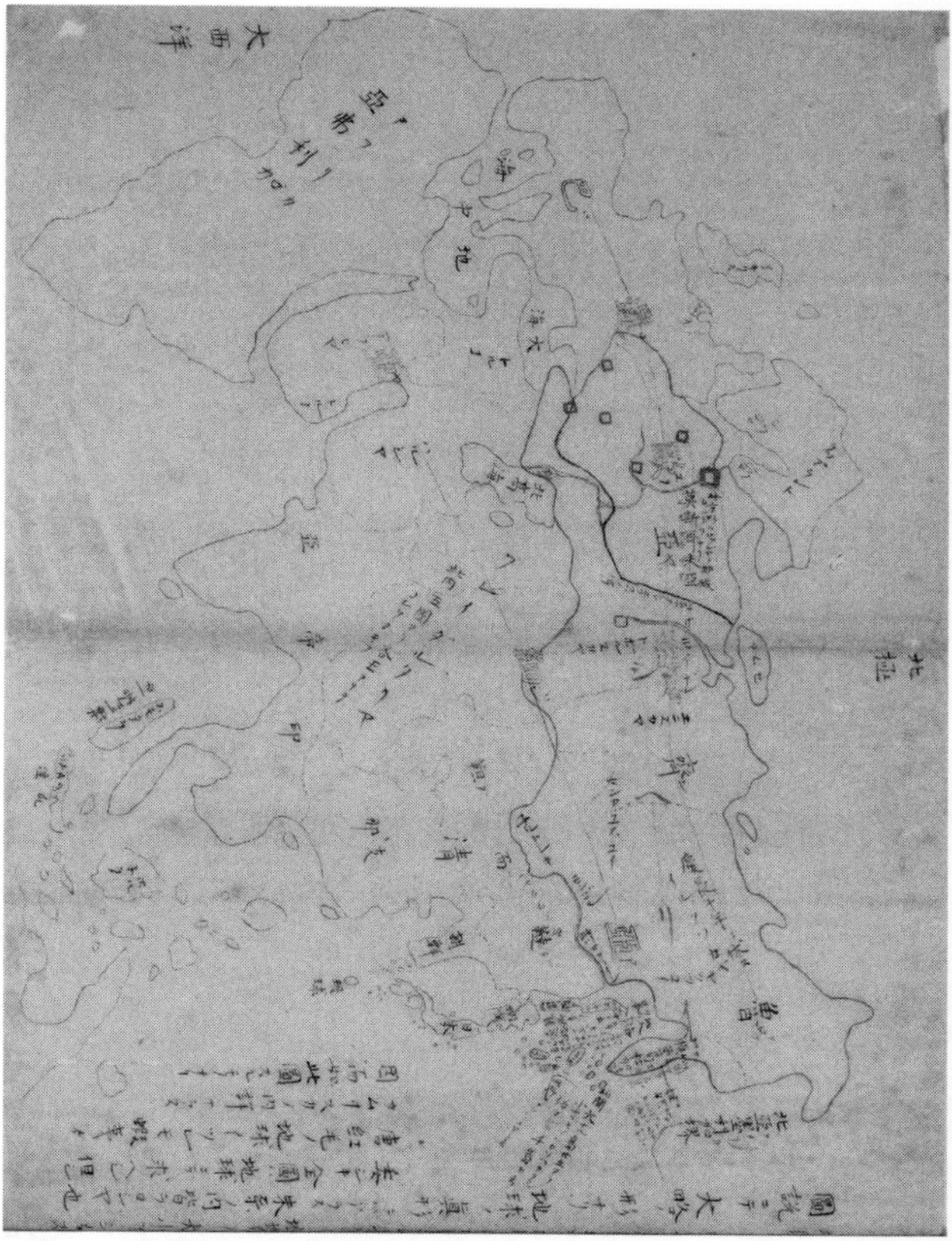

【図1】工藤平助「加模西葛杜加国風説考」（1783〔天明3〕年、天理大学天理図書館蔵）図上、やや濃く見える線が朱線。

ロシアの存在は、その後数年の間に、さらに大きなものとなる。一七八九年（寛政元）、蝦夷地の東部地域で起こったアイヌによる和人襲撃事件、クナシリ・メナシの戦いの発生を伝える一報では、ロシアの関与が取り沙汰され、幕府の緊張は高まった。まもなくそれは否定されるが、一七九二年九月、ロシア皇帝が日本に派遣した使節ラクスマンがネムロに現れた。江戸行きを望むラクスマンに対して、幕府は役人を派遣し、松前において面会する場を持った。ロシアの存在を知ってわずか十年ほどの間に、日本とロシアの関係は、両国の支配者が代理人を介して相まみえる事態へと劇的な展開を遂げたのである。

日本の北辺において存在感を高めるロシアに対抗して幕府が採った策は、端的に言えば、蝦夷地の囲い込みである。本丸を曲輪《くるわ》や堀で幾重にも囲み敵に備える近世城郭のように、蝦夷地と地続きの松前藩を失わないために、そして、ロシアの勢力範囲を日本から少しでも遠ざけるために、両国の狭間にある蝦夷地を日本の側に取り込む必要があった。

しかしそのためには、蝦夷地を知らなければならない。先の見分以降、幕府は、数々の役人を蝦夷地に派遣し、蝦夷地の地理の把握に努めた。間宮林蔵の名を知る人は少なくないであろう。彼の踏査により、カラフトが大陸から離れた島であることが解明されたこともそうした取組みの成果の一つである。伊能忠敬に測量術を学んだ間宮は、蝦夷地沿岸の測量を続け、伊能に実測データを提供した。一八二一年（文政四）に完成した「大日本沿海輿地全図」の蝦夷地部分には間宮のデータが反映されたと考えられるが、これを工藤平助の世界図に描かれた蝦夷地の姿と比較すれば、地理研究の深化の度合いは歴然としている【図2】。

一六〇四年（慶長九）に、徳川家康がアイヌと独占的に交易する権利を認めて以来、松前氏が、近世日本の最北端の大名として、蝦夷地・アイヌとの関係を取り仕切っていた。しかし、小藩の松前藩では到底ロシアに太刀打ちできないと考えた幕府は、直接蝦夷地政策に乗り出す方向に舵を切る。二百年近く続いた体制を変えるのはそう簡単なことではなかったが、一七九九年、ついに蝦夷地の南半分、東蝦夷地と呼ばれた地域を幕府が直接支配する体制へと移行した。エトロフを限りとして、蝦夷地内に役人が常駐する会所が初めて置かれ、津軽藩や南部藩が藩士を派遣し警備にあたる仕組みが整った。一八〇七年（文化四）に直轄の範囲を残る西蝦夷地にまで拡大し、全蝦夷地を幕府の支配下に置いた後、一八二一年に松前藩が復領するが、幕府の作った

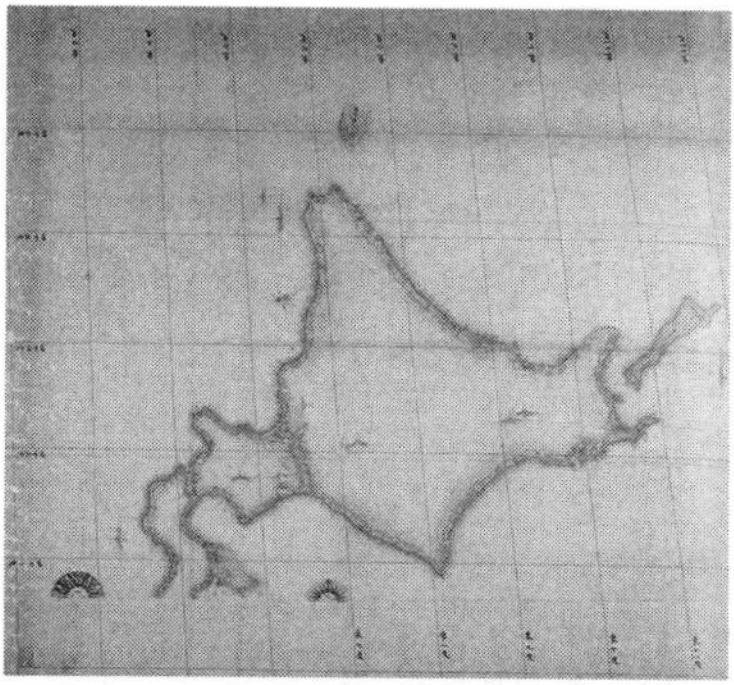
【図2】伊能忠敬「日本沿海輿地全図」（1821〔文政4〕年、東京国立博物館蔵）

蝦夷地支配の基本的な仕組みは、幕末にいたるまで維持された。

†アイヌが変わる

先に、和人のアイヌに対する一般的なイメージは、自分たちとは違う、未開な人びとというものであったと述べた。和人は、アイヌと何が違い、どこを未開と見なしていたのだろうか。

その代表的なものを和人と対比的に表現すれば、髪を結う和人とそれをしないアイヌ、農業を行う和人とそれをしないアイヌ、文字を持つ和人と持たないアイヌ、といった具合である。こうした表面上の差異が、和人すなわち文明であり、アイヌすなわち未開という枠組みの構成要素であった。アイヌに向けられた和人のまなざしには、風俗、生業、文化といった人間生活のあらゆる面において、和人にあってアイヌにないものを探し、自らの文化的優位を確認しようとする志向が組み込まれていたといえるだろう。

ところが、ロシアの存在が知られるようになると、そのようなアイヌの見方に変化が生じた。変化といっても、和人を文明、アイヌを未開とみなす二項対立的な見方に変わりはない。アイヌ＝未開というイメージはそのままに、しかし、そのように未開な状態から抜け出す能力が実はアイヌには備わっている、という見方が生まれたのである。教え導けばアイヌにも農業はできる、教え導けばアイヌは文字を学ぶこともできる、今できていないのは、誰も教え導いてこなかったからだ、というのだ。

注意が必要なのは、この論理が、未開な状況に置かれたアイヌを教え導くことができるのは将軍である、という論理と表裏の関係にあったことだ。アイヌの可能性を最初に見いだした人物が、蝦夷地を何度も探索し、蝦夷地の囲い込み策に貢献した幕臣の最上徳内であったことは示唆的である。

それにしても、アイヌの可能性の発見はなぜ必要だったのだろうか。それを端的に示すのは、一七九九年(寛政十一)、蝦夷地直轄の実務のトップが配下の役人に対して提示した目的を語る次の文章である。

今回蝦夷地を直轄する趣旨は、蝦夷地は未開の地で、アイヌは衣食住も整わず、人としての道をわきまえず、不憫の至りであるので、幕府の役人を派遣し、将軍が慈悲を施し教育し、日本の風俗に変え、将軍に厚く服従し、万が一外国から懐柔されたとしても、アイヌの心が動かないようにすることが第一である。(『休明光記』)

衣食住にも事欠き、人としての道も弁《わきま》えていないアイヌが不憫だから、将軍の慈悲により教育しようというのだが、それは、外国すなわちロシアから懐柔されてもなびかないようにするためであった。しかし、いくら教育しようとしてもアイヌにその能力がなければ成り立たない。つまり、アイヌの中に文明化の可能性を見いだす見方は、ロシアに対抗するための蝦夷地囲い込み策を正当化し、美化する論理を支える前提として機能していたのである。

ところで、衣食住にも事欠き、人としての道も弁《わきま》えていない、というのは、生活様式の異なるアイヌに対する、和人による外側からの表面的な観察である。アイヌの暮らしぶりや価値観に心を寄せ、それを理解しようとした形跡はそこにはない。しかも、それを憐れむのである。自らの価値観を基準に他者を一方的に評価する態度が、異文化理解を妨げる壁になることは言うまでもない。蝦夷地の先住者であるアイヌの人びとの位置づけは、二つの国家の狭間で、国家意志によりいかようにも変化させられる、物言わぬ客体へと変容を遂げたのである。

†アイヌの女性が変わる

幕府による蝦夷地の囲い込み策の最前線の地エトロフを例に、アイヌの女性に何が起こったのかを見ていこう。

一八〇〇年（寛政十二）、蝦夷地直轄後間もないころに、現地で支配にあたった幕臣近藤重蔵《じゅうぞう》が「エトロフ村々人別帳《にんべつちょう》」、今で言う住民台帳を作成した（『近藤重蔵蝦夷地関係史料』）。そこには、「改俗」の語や「権助」「おやす」といった和名が見える。「改俗」とは、アイヌの風俗を日本風に改めさせる風俗改めのことである。

今日、北方領土の問題が日本とロシアとの間に横たわっているが、日本側がエトロフに初めて会所と呼ばれる役人を常駐させるための拠点を置いたのは、一七九九年の蝦夷地直轄化の時である。その北東の島ウルップにすでにロシア人が滞在していたことから、日本へのさらなる接近を押しとどめるために、幕府は守備範囲をエトロフを限りとすることにしたのだが、幕府はアイヌの風俗を日本風に改めさせることにより、ロシアに対してそこが日本の所属であることを視覚的に訴えようと目論んだのである。

さて「エトロフ村々人別帳」で和名を持つのは、男性では五百四十二人中二百三十六人で四四％、女性では五百八十七人中百五十九人で二七％である。その内、「改俗」の注記を持つ数は、男性では百四十八人、女性では五十八人で、和名を持つ男性の六二％、女性では三六％となっている。風俗を改めなくとも和名を与えられることがあった可能性は否定できないが、いずれにせよ、風俗改めに応じた女性は男性に比して少なかったことはわかる。

【図3】秦檍磨「蝦夷島奇観」（1800〔寛政12〕年写、東京国立博物館蔵）

エトロフでの風俗改めの実態は、実はよくわかっていないのだが、クナシリでは、生まれた子に入れ墨と耳輪をさせないことが勧奨されている（『休明光記』）。古代以来世界各地に見られる耳飾り、首飾り等の装身具は、病気、けが、死などの災禍が、人体にあいた穴から体内に入るのを防ぐ意味があったとされる。また、顔や手の入れ墨は、十八世紀前半に成立した新井白石《はくせき》の『蝦夷志』以来よく知られたアイヌ女性の風俗で【図3】、婚姻の他、成長につれて少しずつ増やす風習があったことを示唆する記録もある（『東海参譚』）。エトロフのアイヌ女性の「改俗」率が低かったのは、風俗改めが、身を守り、女性としての一生を彩る習慣を否定する行為であり、受け入れがたかったからではなかろうか。

ところで、「エトロフ村々人別帳」には、「番人附」と注記された十代の女性が三人見える。早くから和人が進出し、日本製の漁具を用いた漁業が行われた蝦夷地とは異なり、エトロフでの和人漁業は、幕府直轄を契機に始まる。蝦夷地政策を推進する経費をまかなうための施策であった。番人は、現地に駐在して漁業を差配する人物であるが、「番人附」とされた女性は、その身の回りの世話にあたったものであろう。

漁業の導入は、エトロフの男性アイヌを主な労働力として動員することが前提とされていたが、そのことは、エトロフアイヌの衣食住のうち、衣に直接的な影響を与えたようだ。樹皮から作るアットゥシは、アイヌの伝統的な衣料として知られるが、十八世紀後半以降生産が増え、蝦夷地のみならず松前や青森にも商品として流通した漁業労働衣であった。しかし、エトロフではアットゥシの生産がなかった。近藤は、エトロフのアイヌが着用する毛皮や鳥の羽、キナ（ガマ）を編んだ衣服が漁業には不向きであるとして、蝦夷地から多量のアットゥシを買い付ける一方で、エトロフでの自前の生産をめざし、アイヌ女性に織り方を教えたとする記録を残している（『近藤重蔵蝦夷地関係史料』）。ここからは、衣料の主たる生産者であった女性が、幕府の導入した漁業を支えるために、新たな技術の習得を求められていたことがわかる。

風俗改めも漁業の導入も、幕府が蝦夷地を囲い込むために行った施策である。日本とロシアとの狭間で、望むと望まざるとにかかわらず、アイヌの女性もまた近世日本の支配に組み込まれていったのであった。

さらに詳しく知るための参考文献

岩﨑奈緒子「世界認識の転換」(『岩波講座日本歴史　第13巻近世4』岩波書店、二〇一五)……ロシアの出現を契機に世界理解が深まり、蝦夷地の位置づけと日本の国家意識が大きく転換した経緯を明らかにしたもの。

岩﨑奈緒子「18世紀後期における北辺認識の展開」(藤井譲治他編)『大地の肖像』京都大学学術出版会、二〇〇七)……工藤平助の「加模西葛杜加国風説考」に挿入された世界図と蝦夷地図の歴史的意義を明らかにしたもの。

岩﨑奈緒子「近世の対外関係」(『日本の歴史　近世・近現代編』ミネルヴァ書房、二〇一〇)……江戸時代の日本の対外関係の特質と変化を通時的に解説したもの。

谷本晃久「近世の蝦夷」(『岩波講座日本歴史　第13巻近世4』岩波書店、二〇一五)……江戸時代の日本とアイヌの関係の変化を、政治・外交・経済・文化の多角的観点から概括したもの。

横山伊徳『日本近世の歴史5　開国前夜の世界』(吉川弘文館、二〇一三)……十八世紀後半以降の日本を取り巻く国際情勢を総合的に論じたもの。

第10講

寛政と天保の改革

高埜利彦

†危機の到来

一六一五年（元和元）の大坂の陣を最後に、幕府（将軍）と藩（大名）との対抗関係がなくなり、幕府と藩（幕藩権力）が一致して、農・工・商身分を支配する体制が形成されてから以降、幕府と諸大名との関係は安定し、幕末・維新期に対立が見られるようになるまで、幕藩関係の安定は概ね維持された。しかし、一六四〇年代には確立した「鎖国」や「四つの口」で表現される外交体制（第4講参照）は、十八世紀の末頃から脅かされるようになった。北方から千島《ちしま》列島に接近したロシアや日本海へのイギリス船の出没であった。これらは領土的野心を抱くようなものではなく、毛皮を追い求めた商業的なものであったが、ロシアに対しては、工藤平助が著した「加模西葛杜加国風説考《かむさすかこくふうせつこう》」の影響によって、巨大国家ロシアの脅威が認識され恐れられた（岩﨑奈緒子「世界認識の転換」『岩波講座日本歴史　第13巻　近世4』）。

また国内的には、生産量の増加、商品流通の活発化は富の偏在をもたらし、富を蓄積していった都市商人や村落・在町《ざいまち》の豪農（地主・商人）たちに対し、小百姓・小作人や都市の職人・日用《ひよう》たちは貧困にあえぐ者が増加した。封建領主である将軍・大名たちは、村落から年貢を徴収して幕府・藩の財政基盤としてきたが、支出の増加に伴い、増収を図るために年貢増徴策を行った。村落の小百姓・小作人たちは、地主からの小作料と領主からの年貢増徴に耐え兼ね、領主に対して年貢減免の訴願を試み、聞き入れられない場合には、徒党を組み強訴《ごうそ》を引き起こす、いわゆる百姓一揆が、各地で頻発する状況になった。村落で豪農を襲う打ちこわしや、都市でも米価高騰の時節に、米穀商が職人・日用など米を購入する者たちから打ちこわしにあうことも発生した。

このような十八世紀末頃から顕著になり出した、対外的な危機（外患《がいかん》）や国内の一揆・打ちこわし（内憂《ないゆう》）は、体制を根底から動揺させるものであった。「内憂外患」という言葉は、水戸藩徳川斉昭《なりあき》が天保期の危機的状況を表現したものだが、すでに十八世紀末から始まったものであった。これに対処するため、幕府は諸藩とともに対策を立て、危機を乗り越えるための諸政策（改革）をとって、幕府と藩による支配体制を維持しようと図った。

ここでは寛政改革と天保改革を主に取り上げる。

†深まる「内憂」

まず、「内憂」の言葉に表される国内の状況からみていこう。一七八三年（天明三）の浅間山の噴火は上野国《こうずけのくに》を中心に大被害をもたらし、鎌原村《かんばら》（群馬県嬬恋村《つまごい》）では死者四百六十六人、生存者百三十一人と村民の七八パーセントが死んだ。おもに火砕流に飲み込まれたことによる被害であった。浅間山の噴煙は成層圏に達したため日照を遮《さえぎ》り、天明年間の長期的低温傾向に拍車をかけた。東北地方をはじめ冷害による凶作となり、深刻な大飢饉をもたらした。餓死者は東北地方全体で三十万人にのぼると推定される。このため全国で数多くの百姓一揆や都市の打ちこわしが起こった。

百姓一揆と一括《ひとくく》りに述べたが、各地域の状況によって、訴願や徒党の内容は千差万別であった。中馬《ちゆうま》と呼ばれる、信州の農民が農耕用の馬（手馬《てうま》）を用いて陸上交通の担い手になり駄賃稼ぎをすることは、商品流通が活発になり出すと頻繁になった。幕府の定める宿駅《えき》制度では荷物を宿継《しゆくつ》ぎして運搬し、問屋たちは経費をまかなってきたが、中馬が宿継《しゆく》ぎをせずに荷物を目的地まで付け通すことで対立が生まれた。宿と中馬の紛争は繰り返されたが、一七六〇年（宝暦十）、伊那郡八十四カ村の中馬から幕府に訴訟がなされ、四年後に中馬慣行を認める裁許が出された結果、中馬を行う村々六百七十四カ村、馬数一万八千六百十八頭が公認された。以後、中馬の活動は明治期の鉄道開通まで活発であり、商品流通の担い手となった。これは社会の変容に幕府が対応した事例であった。

これに対し一七六四年（明和元）には、交通需要が過多になった中山道宿駅《なかせんどう》を救済するため、幕府は増助郷《ましすけごう》を武蔵《むさし》国内村々に命じようとした。これに対し、二十万人もの農民たちが広域な大規模一揆を起こして抵抗した。遠距離にある宿駅まで馬をひいて役負担するのは過重であり反対の声を上げた結果、幕府は増助郷を撤回せざるを得なかった（明和伝《てん》馬《ま》騒動）。

また畿内で、綿・菜種などの生産者は、幕府と結びついた大坂特権商人が流通独占を図ろうとしたことに抵抗し、訴願運動を続けてきたが、時代の下った一八二四年（文政七）には摂津・河内《かわち》・和泉国《いずみのくに》の千三百七か村が参加した国単位での訴願運動である国訴を展開させた。領主や国の違いをこえて、生産者たちが広域に連帯して特権商人と対抗し、生産した綿や菜種の販売自由化を求めたものである。

訴願運動を広域の連帯によって成功したものもあったが、その一方で幕藩領主は徒党に対して厳しく対峙した。幕府は一七七〇年（明和七）、徒党・強訴・逃散《ちょうさん》の禁止と訴人奨励の高札《こうさつ》を立てたが、以後も高札の形で明治期まで告知され続ける。さらに、幕領での一揆鎮圧のために近隣諸藩からの出動が命じられた。幕藩領主が一体となって弾圧せざるを得ない段階に至ったことを示している。

さらに一揆勢を銃撃して鎮圧するという衝撃的な事件が飛騨国《ひだのくに》で起こった。飛騨国は一国幕領で、高山陣屋で代官による統治がなされていた。旗本が代官として赴任するが、代官の大原彦四郎は着任してから厳しい年貢増徴を命じた。一七七一年（明和八）に続き一七七三年（安永二）にも新たな検地実施による年貢増徴を命じたのに対し、三万人規模の百姓一揆が起こり、百姓側は高山陣屋に強訴をこころみるに至った。一揆勢は飛騨国一宮《いちのみや》の水無《みなし》神社境内に集結した。神域である神社は、中世まではアジールとして俗権力が侵入できない空間とされた意識が、一揆勢に残っていたのかは不明だが、鎮圧のために動員された美濃国郡上《ぐじょう》八幡藩兵が鉄砲による銃撃によって、神社内の一揆勢を多数撃ち殺し血を流した（大原騒動）。百姓一揆勢は、建物の打ちこわしはしても人を殺すことはない。いま領主が農民を撃ち殺したのである。この後、検地が強行され、一万千四百石の増石となり、大原彦四郎は昇進した。続いて一七八一年（天明元）、上州絹一揆と呼ばれる数万人規模の絹運上反対の一揆勢が高崎城に迫った時、ここでも鉄砲隊が発砲し死者二人・負傷者多数を出した。武力を独占する領主権力が、暴力をむき出しにしなければ支配できない状況に追い込まれたとも言える。

幕府にとって最も衝撃を与えられたのが「天明の打ちこわし」とよばれる一七八七年(天明七)の江戸での打ちこわしであった。将軍のお膝下で起こった打ちこわしは、天明の飢饉による米価高騰によって発生したもので、打ちこわしにあった米穀商は九百八十軒にのぼった。打ちこわし勢(約五千人)は米などを盗むことはなく、火を放ったり、人を傷つけたりしない統率の取れた行動であった。ただし押買いという、値上がり前の値段で米を買う行為は行った。打ちこわしに参加して処罰された四十七人の出生地は、江戸に流入した百姓は七人しかなく、江戸居住の職人・小商人・日用などであった。江戸の治安維持や疲弊した農村の対策は幕府に課された大きな課題となった。

†寛政改革——内政

松平定信は老中首座からさらに一七八八年(天明八)三月に将軍補佐に就任して権限を強化した上で、信頼できる譜代大名たちを老中に就任させて、幕閣を固めた。その下で実務を担う奉行・幕領代官に至る役職に就く旗本・御家人の生活安定のために、八九年(寛政元)、札差《ふださし》に棄捐令《きえんれい》を命じて、旗本・御家人が八四年以前にした借金を棒引きにさせた。八十八人の札差の帳消しされた金額は百十八万七千八百両余にのぼった。

幕臣の生活を安定させた上で、文武両道を奨励した。九〇年に「寛政異学の禁」を発し、湯島聖堂において朱子学以外の古学派や折衷学派の異学を教授することを禁じた。朱子学による講釈・会読の成果は、学問吟味《がくもんぎんみ》という学術試験によって試されることになった。中国の科挙のような登用試験そのものではないが、試験の結果は幕臣の登用の参考にされたとみられる。文教政策は大学頭《だいがくのかみ》である林家《りんけ》当主に人が得られず、定信は柴野栗山《しばのりつざん》（徳島藩儒）や岡田寒泉《かんせん》（旗本次男）、尾藤二洲《びとうにしゅう》（大坂で私塾）を登用した。林家には、後に九三年（寛政五）に幕命によって美濃国岩村藩主松平家三男が養子として迎えられた。林述斎《じゅつさい》である。大学頭となった述斎は、幕府直轄である昌平坂《しょうへいざか》学問所を設立し、文教政策を進めることになる。

　人材登用の道が開け、意気込みをもった中下層の幕臣たちが、地方の幕領代官になって農村復興にあたり、その土地で名代官と顕彰される人物も生まれた。九二年に陸奥国塙《むつのくにはなわ》代官に任じられた寺西封元《たかもと》は、疲弊した農村の再建資金として五千両を幕府から借り受けて復興させた。寺西は、領内において間引き・堕胎を禁じ、小児の養育に努めさせて人口増加を図り、休日を設けるなど農村の改善に励んだ。寺西の死後、塙では生祠《せいし》寺西神社を建設して顕彰し、現在なお神社は存在する。前述した高山代官大原彦四郎の存在が、対比的に想起される。

　天明の飢饉に見舞われた陸奥・常陸《ひたち》・下野《しもつけ》では耕作地を放棄して働き場を求めて江戸に

流入する農民が少なくなかった。定信は八八年に出稼ぎを制限して耕作に専念させたほか、年季の明けた奉公人たちの帰村も督励した。さらに九〇年「旧里帰農奨励令《きゅうりきのう》」を発して、幕領・私領・寺社領を問わず旧村に帰る者に旅費・食糧・農具代を支給して帰農を奨励した。定信政権は封建制の基盤である農村の復興に努めたが、そもそも農村が荒廃するのには、風俗がゆるみ、農民の生産意欲が乏しいためと考え、風俗取締りを命じた。八八年博打取締りの強化や江戸の風俗が移っているのが一因であるとして九八年に通り者の禁止や翌年には村々の神事・祭礼にあたり芝居や見世物を興行することを禁止した。朱子学に裏打ちされた為政者松平定信らには、百姓は遊興になじむことなく、米・麦作の農耕に精励するべきとの念があったのであろう。しかし、百姓たちは商品生産や流通に精を出し、ゆとりを作って楽しみを見出す自由な発想を持ち始めていたのである。

天明の打ちこわしのようなことが二度と起こらないよう、定信政権は江戸の治安維持のための政策を打ち出した。九一年、七分積金《しちぶつみきん》の制度を始め、町入用《ちょういりよう》の節減分の七〇パーセントを町会所に積み立てさせ、米不足の時に施粥《せがゆ》や救い小屋の経費とした。

無宿《むしゅく》と呼ばれる住所不定者は治安上不安なことから、九〇年石川島に人足寄場《にんそくよせば》を設け、大工などの職業を修練させた。無宿の更生を名目にするが、石川島に閉じ込めることで犯罪に加わらないようにさせる効果もあった。地方農村から袖乞《そでご》いをしながら乞食状態で江戸にたどり着く者があると、浅草・深川・代々木・品川の四か所の非人頭《ひにんがしら》の配下の抱《かかえ》非人が、その配下に取り込み組織内非人とした。しかし非人組織に入れられていない者も存在し、野《の》非人と呼ばれたが、無宿との違いは判りにくい。

地方から流入する者の中には、山伏・陰陽師《おんみようじ》・神道者・願人《がんにん》坊主などに弟子入りする者もあった。見様見まねで宗教者風になり、何とか生きる場所を探す。このように士農工商の基幹的な身分の周縁に、不分明な身分の者が都市部に形成されていった。幕府は、修験道・陰陽道などの本寺・本所に人別帳《にんべつちょう》の作成を命じ、身分集団として組織化させた（第8講参照）。しかし社会の変容と人びとの生きようとする力は、さらに周縁に身分を拡大させ、身分制度を解体に向かわせていくことになる。

†「外患」

一世紀以上にわたって安定してきた外交体制は、ロシアによって北方から脅かされ始めた。ロシア人はカムチャツカからウルップ島に接近し、一七六六年（明和三）に上陸越年し、七四年からウルップ島のアイヌと交易を始めた。七八年（安永七）にはロシア人が松前藩に通商を要求してきたが、翌年松前藩は拒否している。田沼政権は工藤平助の建言を受けてのち、蝦夷地《えぞち》に調査隊を派遣した。八六年（天明六）調査隊の最上徳内《もがみとくない》らは国後《くなしり》・

択捉《えとろふ》・ウルップ島に行きロシア人たちの様子を調査した。その後もロシアの南下は続いたが、一七八九年（寛政元）国後島とメナシ地方のアイヌ百三十人による蜂起が起きた。松前藩によって鎮圧されたが、この知らせを受けた幕府は、アイヌとロシアの連携の可能性を危惧した。それほどにロシアに警戒心を抱いていたところに、九二年九月、ロシア使節ラクスマンが大黒屋光太夫《だいこくやこうだゆう》をともなって根室に来航した。光太夫は伊勢国白子《しろこ》の船頭で、台風でアリューシャン列島に漂着したのちペテルブルクでエカチェリーナ二世に謁見し、帰国の許可をえて送還されたものである。ラクスマンは、通商と江戸湾入港を要求した。幕府は松前において光太夫を受け取ったうえで、通商を拒み、江戸ではなく長崎入港の信牌《しんぱい》（入港許可証）を与えた。

折しも前年イギリス船（アルゴノート号）が日本海に現れ私的な貿易を望んだ。これを拒否したのち、幕府は一七九一年（寛政三）「異国船取扱令」を発して、異国船来航に対する方針を示し、「数艘《すうそう》に及ぶ船団」（異国船艦隊）を想定した対応策も命じた。ラクスマン来航も合わさり、幕府は九三年厳重な海岸防備策を命じ、とくに関東沿岸地域を自ら巡見した松平定信は江戸湾への警戒心を高めた。

ロシア人は択捉島へ上陸し、アイヌとの交流をはかり、択捉島アイヌはロシア正教を受容していたと見られている（「休明光記」）。幕府は九八年（寛政十）、最上徳内・近藤重蔵《じゅうぞう》ら百八十人の調査団を蝦夷地に派遣した。中でも最上徳内・近藤重蔵らは択捉島に上陸し「大日本恵登呂府《えとろふ》」の標柱を立てた。さらに三年後の一八〇一年（享和元）に幕府役人富山《とみやま》元十郎《もとじゅうろう》がウルップ島に「天長地久《てんちょうちきゅう》大日本属島」の標柱を立てた。アイヌやその他の少数民族が居住する、それまで異域とされた蝦夷島《えぞがしま》・千島の外側に、異国ロシアとの境界線を引く発想を持ち、その実行として「大日本恵登呂府」などの標柱設置を行なった。千島アイヌの島にロシア人の居住が行われ出したウルップ島・択捉島は、日露両国の領有の争点となる島となった。蝦夷島（北海道）にはロシア人の居住は見られなかった。幕府は一八〇〇年（寛政十二）に八王子千人同心《せんにんどうしん》百人を蝦夷地に入植させた。またその年に、仮直轄地となっていた国後・択捉両島に近藤重蔵・高田屋嘉兵衛《たかたやかへえ》らが渡り、両島居住のアイヌたちに和人同様の風俗や郷村制《ごうそんせい》を施行し、首長のアイヌを名主に任命した。両島に居住するアイヌを和人とする政策（「同化」政策）を取って、ロシアの進出に対抗するものであった。

一八〇二年（享和二）、幕府は蝦夷奉行（二カ月後、箱館奉行と改称）を設置し、東蝦夷地を直轄地とした。一八〇四年（文化元）、蝦夷三官寺《さんかんじ》を設けた。三官寺の善光寺（浄土宗）・等《とう》澍院《じゅいん》（天台宗）・国泰寺《こくたいじ》（臨済宗）に各宗から選抜された僧侶を派遣し、それまでのアイヌ居住の土地で、本土同様の国家安全祈願を行わせた。蝦夷地は国土で、居住するアイヌは和人であるとの宣言にも似た幕府の政策である（第9講参照）。

ロシアから一八〇四年（文化元）、使節レザノフが、十二年前に幕府がラクスマンに与えた信牌をもって、正式に長崎に来航し日本との通商を求めた。この外交上正式な使節を、幕府は六カ月待たせた上で、通商拒否を回答した。ロシア側は日本側の非礼に憤り、二年後ロシア海軍大尉が率いるフリゲート艦（快速帆装軍艦）で樺太《からふと》久春古丹《クシュンコタン》を襲撃、さらに択捉島や礼文島《れぶんとう》・利尻島《りしりとう》も襲ったうえで、ロシア使節に対する外交拒絶への報復であることを伝えた。択捉島襲撃の際、箱館奉行所役人たちは戦わずに退去したことから、羽太正養《はぶとまさやす》（箱館奉行）は処罰された。鎖国になって以来はじめての異国との銃撃戦であり、幕府にとって大きな衝撃となった。

北方に警戒心が集中している一八〇八年（文化五）、今度は長崎港にイギリス軍艦フェートン号が侵入した。オランダ船の拿捕《だほ》を狙ったが、入港していなかったため食糧・薪を長崎奉行に要求しただけであった。長崎防備の役を担う佐賀藩の備えは十分でなく撃退できないことから、奉行松平康英《やすひで》は薪水《しんすい》・食糧を与え、フェートン号はそのまま退去した。松平康英は責任を取って自刃《じじん》、佐賀藩主も処罰された。

その後も、英船・米船が近海に出没するようになり、幕府は一八一〇年（文化七）に会津・白河両藩に江戸湾防備を命じた。また、佐渡島が異国船に占拠されれば日本海の航路は危機になることから、高田・長岡・新発田《しばた》三藩に佐渡島の警備を命じた。さらに全国各地の海岸線に砲台が建設され始めた。これは幕府や諸大名のあいだで共有されてきた外交体制（四つの口）の変容を迫るものであった。松前藩を通したアイヌとの関係の変容は、アイヌを和人とみなす「同化」政策によって蝦夷地の国内化がすすめられ、その外側に異国ロシアが存在した。薩摩藩を通した琉球《りゅうきゅう》との関係については、十一代将軍徳川家斉《いえなり》襲職の慶賀使《けいがし》が一七九〇年（寛政二）江戸城に到着したように、幕末まで変化は見られなかった。これに比して朝鮮通信使はしばらく見送られ、将軍家斉襲職から二十四年後の一八一一年（文化八）になって「易地聘礼《えきちへいれい》」と呼ばれる江戸ではない対馬での通信使迎賓となった。この異例の措置には理由が二つあった。一つ目は日本・朝鮮ともに財政窮乏の折から、経費節減のためで、前回は金八十七万二千九百両であった総費用を今回は金二十三万六千七百両に削減できた。理由の二つ目は、対外認識の変容のなかで、朝鮮通信使の位置づけが改められたためである。朝鮮を対等の国家として国書を交わす間柄ではなく一段低い国家とみなす考え方が強まったためである。これ以降、朝鮮通信使が日本に派遣されることはなくなった。

†官製文化事業

従来の四つの口で異国・異民族と結ばれた外交秩序の外側に、ロシア軍艦による襲撃のような、武力をともなう外敵である強大な異国（ロシア・イギリス・アメリカなど）との関係を、強く意識するようになった幕府は、国後・択捉島の外側に「国境線」を引く意識をもったことは上述した。では「国境線」の内側の「国家」・「国民」とはいかなるものか、日本国家の自己確認の必要を感じたに違いない。地理的に国土を調べ、居住する人びとやその歴史を調査したり、国家の歴史を考究したりする文化事業が取り組まれはじめた。官製の文化事業の中心になったのは、林述斎が率いる昌平坂学問所であった。その下で塙保己《はなわほき》一《いち》が設立建言して認められた和学講談所が事業を推進した。和書の収集と校訂を行なった『群書類従』はよく知られるが、『史料』の編纂も重要な事業であった。正史である六国史《りっこくし》が光孝《こうこう》天皇の時代で終わっていたので、八八七年の宇多《うだ》天皇以降の『史料』編纂を始め、古代以来の正史編纂事業を継承した。

　歴史編纂事業の現代史（江戸時代史）にあたるのが『徳川実紀《じつき》』編纂事業であった。学問所に「御実紀調所《ごじつきしらべしょ》」を設けて、今日に伝わる『徳川実紀』が編纂された。また学問所には「地誌《ちし》調所」も設置され、全国の地誌編纂事業が取り組まれた。『甲斐国志《かいこくし》』のように村落単位の歴史と地理が対象となり、国家主導で編纂を進めた。

　林述斎は『寛政重修諸家譜《かんせいちょうしゅうしょかふ》』の編纂事業も建議し完成させた。大名・旗本など武士身分の家々の歴史（家譜）を提出させて編纂し、誰が支配身分の武士であるのかの根拠となった。士農工商の基幹となる身分制度が緩み、周縁に願人坊主や野非人など不分明な身分の者がぞくぞくと生み出されていく中で、武士身分は誰なのかを再確立させた。また緩んだ身分制に代わって、あるべき「国民」の姿を教化するためのモデルを、全国の幕領・藩領を問わず、孝行者・貞女《ていじょ》・節婦《せっぷ》・忠義者・奇特者などの善行者を事例とともに書き上げさせ、これを「孝義録」として編纂し、木版印刷して流布させた（第11講参照）。

以上の寛政期に始まった幕府の官製文化事業の多くは、明治以降の国家政策として、『大日本史料』・『皇国地誌』編纂や「道徳」教育として継承されたことは注目される。換言すれば、寛政期から「近代」は始まり出したと見ることができよう。

天保の改革

一八〇五年（文化二）に関東取締出役《しゅつやく》を設けて、関東農村における博徒《ばくと》や無宿など犯罪者の取締りに当たらせたり、二七年（文政十）関東農村に改革組合村《くみあいむら》の設置を命じたりしたが、幕府は江戸と周辺の関東農村を連動したものとして治安維持に努めたものである。

しかしながら、三三年（天保四）から天保大飢饉に襲われ、全国的な凶作と米不足に見舞われた。さらに三六年も凶作で、甲斐国郡内地方や三河国加茂郡《みかわのくにかも》の幕領で大規模な百姓一揆が発生し、郡内（都留郡）や国中《くになか》地方の一揆勢は甲府の米穀商を打ち壊した。ここでも、動員された信州高島藩と高遠《たかとお》藩の鉄砲隊によって鎮圧された。三七年〈天保八〉には大坂で町奉行所元与力《よりき》であった陽明学者大塩平八郎による武装蜂起もあった。これは大坂城代・町奉行の軍勢によって鎮圧された。

危機がさらに深まるなか、一八三九年〈天保十〉に老中首座に就いた水野忠邦は、享保と寛政の改革を意識した天保改革の断行を明言した。学問・武芸を奨励し、奢侈《しやし》の禁止を命じ、出版統制による風俗の取締りや札差からの借金を無利子にするなど、寛政改革と共通した施策であった。さらに農村復興策であり江戸の治安維持のために、人返《ひとがえ》し令を発して江戸の人別にない他所からの流入者を締め出し、帰郷を強制した。江戸を追い払われた無宿や浪人などは、関東の農村で物乞いや金をせびる合力を強いて、治安をますます悪化させることになった。

寛政改革に見られなかったものに、株仲間の解散〈一八四一年〉がある。江戸の物価安定には、物価騰貴の原因である株仲間を解散させることが必要と実施したが、失敗に終わり十年後に株仲間再興令を出した。失敗の理由は、物価騰貴の原因は他にあったからである。全国各地の生産地から大坂市場への商品流通量そのものが減少したためであった。尾張国《おわりのくに》知多《ちた》半島内海《うつみ》などの尾州廻船《びしゆうかいせん》が、全国から大坂に入津する前に商品を購入し、江戸方面で販売し巨利を得る活動などがなされていたため、商品が大坂に入らなくなっていた〈第12

講参照)。

幕府は、相模国《さがみのくに》の海岸防備を担わせていた川越藩の財政を支援する意図から、四〇年(天保十一)に川越・庄内・長岡三藩の領知を互いに入れ替える三方領知替《さんぽうりょうちか》えを命じたが、領民の反対もあって翌年に撤回された。幕府の命令が徹底できなかったことは、幕府に対する藩権力の自立を示すことになった。さらに四三年に幕府は上知令を出し、江戸・大坂周辺のあわせて約五十万石の地を直轄地にして、財政上と対外防備の強化をはかろうとしたが、反対され実施できなかった。天保改革の失敗は幕府権力の衰退を加速させた。

†朝廷権威の浮上

幕府権威の衰退と対照的に天皇・朝廷の権威は浮上し始める。松平定信政権が一七九三年(寛政五)にいわゆる「尊号一件《そんごういっけん》」で弾圧を加えるまで、朝幕の協調関係は続いていた。八八年(天明八)の京都大火で焼失した禁裏は、幕府主導で古儀の再興による造営がなされたように、幕府が朝廷を支援する協調関係にあった。しかし光格《こうかく》天皇の実父閑院宮典仁《かんいんのみやすけひと》親王《しんのう》に太上《だいじょう》天皇(上皇)の尊号を宣下することに、定信は反対した。天皇即位をしたことのない親王に上皇を宣下することはできない、という論理は正当なものであった。これに朝廷側は、宣下を強行するとの動きを示し、定信は首謀者の武家伝奏《てんそう》正親町《おおぎまち》公明《きんあきら》と議奏中山愛親《なるちか》らを処罰した。幕府による朝廷統制の枠組みを引き締めたものである。

この統制の枠組みは幕末まで持続するものの、天皇・朝廷の権威は社会に浸透し、浮上する。院政期をあわせ六十年余り君臨した光格天皇が朝儀再興などに積極的であったこと、四宮家や百四十家余りの公家たちが、家職を通して社会に浸透していったこと、職人に至るまで社会の側が天皇・朝廷の権威を求めたこと、などの理由が考えられる。

国内の矛盾が深まり、国外からの圧力が強まるなかで、幕府と藩が一体となって形作った幕藩権力は、幕末期に天皇・朝廷を巻き込んだ権力闘争に向かい、ついには崩壊に向かうのであった。

さらに詳しく知るための参考文献

竹内誠『寛政改革の研究』（吉川弘文館、二〇〇九）……松平定信による寛政改革研究の定番。都市問題や金融政策に特色がみられる。

藤田覚『近世後期政治史と対外関係』（東京大学出版会、二〇〇五）……ロシアの南下に対する幕府政策の展開を詳述している。

長坂良宏『近世の摂家と朝幕関係』（吉川弘文館、二〇一八）……近世中後期、朝廷統制の要とされ、公家社会を統括する立場にあった摂家の特質を描く。

高埜利彦『日本史リブレット　江戸幕府と朝廷』（山川出版社、二〇〇一）……江戸幕府の統制下におかれた天皇・朝廷の実体と、時期によって変化する朝幕関係を描く。

第11講

女性褒賞と近世国家——官刻出版物『孝義録』の編纂事情

小野 将

†幕府編纂書籍としての『孝義録』

寛政の改革とは、十八世紀の末に支配体制を立て直すべく、時の老中・松平定信をはじめとする江戸幕府の政権担当者がすすめた、全般的な国政改革の謂いである（本書第10講）。本講で取りあげる幕府編纂の刊行物『孝義《こうぎ》録』【図1】、この編纂事業も、この時の改革政治の一環をなしており、その内容は、かねてより女性史研究における重要史料としても注目されてきた（後述）。この『孝義録』の編纂について、

【図１】『孝義録』巻之一：表紙

近世史研究者の高埜《たかの》利彦氏は、その著書において、以下のように述べられている。すなわち、定信政権期に特有な政策基調については、次に挙げられるような大事業の遂行が強調されるべきだろう、というのである。

……国家的危機意識から「国家」のアイデンティティを求めるべく、「六国史」を継承する正史の編纂、すなわち塙保己一による「史料」編纂（後に東京帝国大学史料編纂掛に「大日本史料」として引き継がれ今日に至る）や、当時の「現代史」である「徳川実紀」編纂を行ない、さらには全国の地誌の編纂事業（後に明治政府に「皇国地誌」として引き継がれる）を行ないます。また「国民」のあるべき姿を教化するために、「孝義録」編纂と刊行を命じます。刊行は享和元（一八〇一）年になされました。（高埜利彦『近世の朝廷と宗教』吉川弘文館、二〇一四）

幕府編纂物である『孝義録』は、松平定信政権が推進した、歴史書や地誌の著述を中心とする、いわば大編纂事業の一角を占めており、そのなかでも、「国民」教化という目的をもって出版されたものとして捉えられているのである。換言すれば、寛政改革期当時の政策体系においては、イデオロギー的な機能を担う事業として位置づけられていたもの、と評価できよう。ここでは、当該の政策上で目指されていたのは、「国民」（男女両方をふくむ）の〝あるべき姿〟、つまり理念や理想像だ、と述べられていることに留意しつつ、この『孝義録』出版の周辺について、いささかなりとも検討を加えていくことにしたい。

†改革政治における『孝義録』編纂

まずもって当の編纂事業を推進していた、政権担当者の松平定信は、どのように考えていたのであろうか。定信が自分の子孫以外には、家臣たりとも閲読を禁じていた秘書で、回想録の性格ももつ『宇下人言《うげのひとこと》』からみてみよう。

……逐《おつ》ては御実録、又は風土記《ふどき》などの事も、おひおひ建議せしがいまだ果さず、ただ孝子・忠臣などあるをば、かき出すべき旨など、伺《うかがい》をもって仰せ出されぬ。（中略）このとき、諸家へ寛永後《かんえいご》の系譜出すべき旨仰せ付けられ、万石《まんごく》以下の系譜の書集《かき》めも仰せ出されし也。

ここでいう「御実録」は徳川家史である歴史書、「風土記」は地理書・地誌のことで、これら二種については定信が発議したが、なお未完成であるという。前者は後に、『御実《おじつ》紀《き》』として完成する（いわゆる『徳川実紀』）。また、次の二種については将軍・徳川家斉《いえなり》の裁可を得て、編纂の着手が発令されたものだといい、ひとつは「孝子《こうし》・忠臣《ちゅうしん》」の書き上げ（リストアップ）、もうひとつは諸大名や旗本の「系譜」、すなわち家譜・系図類を提出させ集成するものという。後者はのち、『藩翰譜《はんかんふ》続編』や『寛政重修《ちょうしゅう》諸家譜』という大部の編纂物に結実することになる。現代の歴史研究者といえども、これらの編纂書、すなわち『徳川実紀』や『寛政重修諸家譜』などに収録された厖大《ぼうだい》なデータに頼ることなしには、日本近世史の分析を進めることはできない。では、これらと並記されている、「孝子・忠臣」の書き上げとはどういったものか。

実は、このうち「孝子」を中心とするリストが集成され、幕府権力が直接手がけた編纂物として書籍化されて、件の『孝義録』、全五十巻が成立したのである。一方の、武家を対象とした「忠臣」書き上げの取扱いがどうなったのかは不詳であるが、同時期の幕府による褒賞《ほうしょう》事例のいずれかに反映しているのかもしれない。

寛政元年（一七八九）三月、幕府は次の全国法令を発した。いままで「孝行または奇特《きとく》なる儀」があった者について書き出し、その在所や名前、行状についても記した書類を提出せよ、という内容である（『御触書《おふれがき》天保集成』）。藩領・私領の場合であっても、幕府の勘定奉行所経由でこの書類を集めることが命じられた。孝行者・奇特者の全国調査であり、実際に国持《くにもち》大名の所領であっても、調査記録が幕府に提出されたことが知られる（妻鹿淳《めがあつ》子《こ》『近世の家族と女性』）。完成した『孝義録』では、記録された品行が次の十一種類に分類されている。孝行をはじめ、忠義・忠孝・貞節・兄弟睦《むつみ》・家内睦・一族睦・風俗宜《ふうぞくよろしき》・潔白・奇特・農業出精《しゅつせい》、である。冒頭の「凡例」では、「孝は人の重しとする所なれば、他の善行多しといへども、孝行をもて題す」と記され、書名の由来が知られる。

『孝義録』の本文は、主要部分が仮名交じりの和文体で記されている。編纂の担当部局は寛政改革の成果として設立された昌平坂《しょうへいざか》学問所（昌平黌《こう》）であり、この時期の編纂事業を統括したその総裁は、儒学者（朱子学者）の林大学頭《だいがくのかみ》・述斎《じゅつさい》（一七六八〜一八四一）である。幕府が直々に手がけた「官刻《かんこく》」・「官板《かんぱん》」書籍という権威を備えながらも、『孝義録』ではあえて格調の高い史書のような漢文体や雅文《がぶん》調ではなく、理解しやすい（読ませやすい）和文・俗文が選択されたものと考えられている。

こうした文体の統一・調整などの必要から、『孝義録』原稿の執筆にあたっては、勘定奉行所の役人・大田直次郎（一七四九〜一八二三）が、担当の御用出役《でやく》を命じられている。この直次郎こそ、改革直前の時代である天明期には、四方赤良《よものあから》の筆名でもって有名だった文人・狂歌師で、江戸の狂歌壇の中心にいた大田南畝《なんぽ》その人である。御徒《おかち》身分の御家人《ごけにん》であった南畝は寛政六年（一七九四）、幕臣を対象とする人材登用のための試験である「学問吟味」を受け、首席で及第して、「学問出精」との褒賞を若年寄《わかどしより》から与えられた。このとき同時に及第した幕臣の中神守節《なかがみもりとき》（一七六六～一八二四）は、のち昌平黌に開設された地誌調所《しらべしよ》の頭取に任用されて、地誌編纂に携わっている。学問吟味も寛政改革で創始された新制度で、寛政八年に南畝は勘定奉行所に登用され、「支配勘定」の役職に就任した。南畝がそれ以上出世できたわけではなかったが、命ぜられた御用によって南畝の後半生は多忙となり、その力量を公務の方面でも活かすこととなった。

寛政十一（一七九九）年正月、南畝は孝行・奇特者取調べ御用の出役を命じられたため、書物編集の場である昌平黌と調査書類を蓄積していた勘定奉行所とを往復しながら、『孝義録』稿本の作成に勤めた。全国調査の書き上げ書類を、書籍用の和文にまで書き改める原稿作成にあたって、南畝はその文面・文体を検討するために、「和文の会」という勉強会を組織している。この会で一緒だった幕臣に、奥右筆《おくゆうひつ》務めの屋代弘賢《やしろひろかた》（一七五八～一八四一）がいる。屋代は『古今要覧《ここんようらん》』という幕府編纂物の執筆を担当した有能な和学者で、『寛政重修諸家譜』などの編纂にも加わり、また塙保己一《はなわほきいち》（一七四六～一八二一）率いる和学講談所《こうだんしよ》の会頭でもあった。叢書『群書類従《ぐんしよるいじゆう》』の編纂でも著名な和学者の塙は、本稿で冒頭の引用にも登場してきた人物だが、寛政改革で幕府直轄の機関とされた和学講談所（林大学頭《はやしだいがくのかみ》が役職として支配した）において、故実研究書の『武家名目抄《みようもくしよう》』や、きわめて大部の史書たる『史料』を編纂する事業（未刊）を主導した。かねてより大田南畝は、この塙とも親しく交流していた。

こうした力量ある一級の文人・学者たちがつくり上げた交流の場や人間関係に依拠しながらも、それらを権力的に再編し制度化することで、寛政期以後における厖大な幕府編纂事業は遂行されていった。『孝義録』の出版もこうした編纂事業の一角を占めるもので、当該期の改革政治に学問や文化を動員していくという、その政治史的な位置づけが理解されるのではないだろうか。イデオロギー的な政策、とあらためて評価し直すことができよう。

†幕藩制政治改革の一環としての編纂事業

『孝義録』の本文では、南畝の記録によれば日本全国で八千六百十一名の孝行・奇特者らが掲載されているが、その内容は大きくふたつの部分にわかれている。山城国《やましろのくに》からはじまり各「国」ごとの単位でもって、五畿七道《ごきしちどう》の順に名簿の形式で、それぞれの名前・在所と褒賞された年齢、善行の品目が列挙されている【図2】。これらリストの列挙につづいて、なかでも「殊《こと》に勝《すぐ》れたる者」たちの品行を伝える文章が立項されており（「立伝《りつでん》」。計七百五十件以上が採録されている）、これらの「伝《でん》」の文章＝伝文《でんぶん》は、先述したように俗文体で記されている。

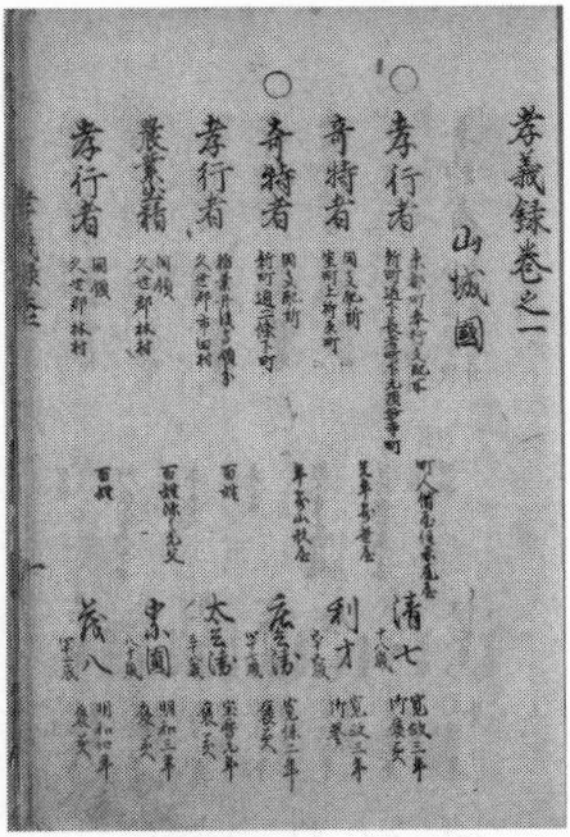

【図2】『孝義録』巻之一：冒頭

同書の凡例によれば、検索のしやすさを優先するために、幕領・私領といった領有関係、所領の別ではなく、国別にして記事を収録したという。今日でいういわゆる〝旧国名《こくめい》〟の六十余州であるが、実際、孝行・奇特者の列挙は、当時の「国郡《こくぐん》」別に配列されているのである。このことについて、あえて諸藩や領主による領有・支配関係を軽視した記載として捉えるとすれば、それは当を得ていないものと言わざるを得ない。リストの記載上でも、それぞれ現地を支配する領主の名と、在所の地域名である国郡の記載とが、ともに明記されている。例えば巻之二十四での、陸奥《むつ》白河藩領にいた奇特者、常松次郎《じろう》右《え》衛門《もん》の記載をみると【図3】、「同領　岩瀬郡鏡沼村・仁井田村大庄屋」と在所の肩書が記され、藩主の松平越中守《えっちゅうのかみ》定信が支配した領内で、陸奥国岩瀬《むつのくにいわせ》郡内の村に住んでいたことがわかる。研究史上、幕藩制国家論といわれてきた潮流での成果が教えるところに従えば、『孝義録』の編纂は、全国政権たる幕府による支配の枠組であり、なおかついわば、近世的な社会空間の分節の在りかたとも言い得るような、〈国郡制の枠組〉のもとで行われているのであ

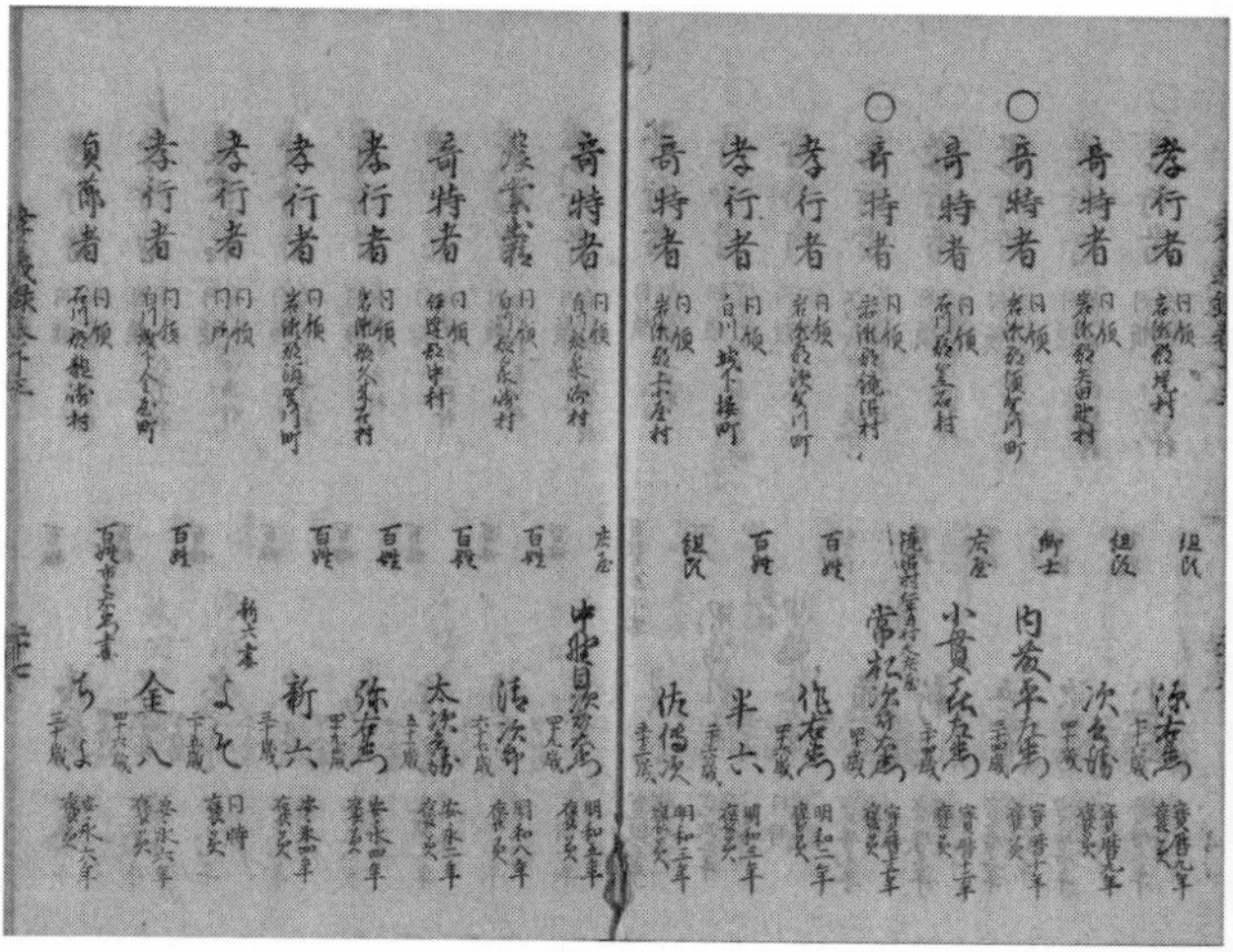

【図３】『孝義録』巻之二十四：常松次郎右衛門の記載（上に○印が付されている）

る。

十九世紀段階に昌平黌において、林家《りんけ》の儒学者・林述斎が主導して編纂された各地の地誌は、このてんにおいて類似した特徴をもつ。すなわち、これら『新編武蔵国《むさしのくに》風土記稿』や『新編相模国《さがみのくに》風土記稿』では、複雑な領有関係に沿ってではなく、国郡別に村々の記事が掲載されている。もちろん近世当時の所領配置はきわめて錯綜したものであり、大部の編纂物において簡便な一覧・検索を実現するために、国郡別の配列を採るほうがはるかに効果的だったという条件は、凡例に述べられている通りで無視しがたいものがある（その方が編纂の手順も能率的になろう）。しかし、全国調査といい地誌編纂といい、領有関係をこえた国土の全体性を、書籍のかたちにして可視化することを目指したというてんでは、全国的な国郡編成に立脚した幕府権力の「公儀」性が示されているもの、と評価できるかもしれない。これらの事業には、すぐれて近世的な支配をあらわす観念が認められるのであり、近代以後の国家統治とは質的にみて大きく異なっている。

こうした『孝義録』編纂の方針に、為政者の権威をめぐっての幕藩間の競合をみて取る研究も現れているが(N・ファンステーンパール『〈孝子〉という表象』ぺりかん社、二〇一七)、近世の中後期段階では、いまだなお幕府と諸藩とのあいだに対抗関係のごとき要素は発現していないとみた方が、より現実に近い。幕府編纂事業についても諸大名は協力しており、そこには幕藩領主の全体にとって必要とみなされた、共通する改革の方向性がみられた。こうした幕藩間で共有された近世中後期の政治的動向を、近世史研究のうえでは幕藩制的政治改革とよんでいる(小野正雄『幕藩権力解体過程の研究』校倉書房、一九九三)。なお、徳川御三家のうち水戸藩は、編纂材料の幕府への提出に消極的であったが、やや特殊な事例であろうと考える。

†『孝義録』編纂の歴史的前提

では、この編纂事業は、どのような要因で実施されるに至ったのであろうか。まず第一

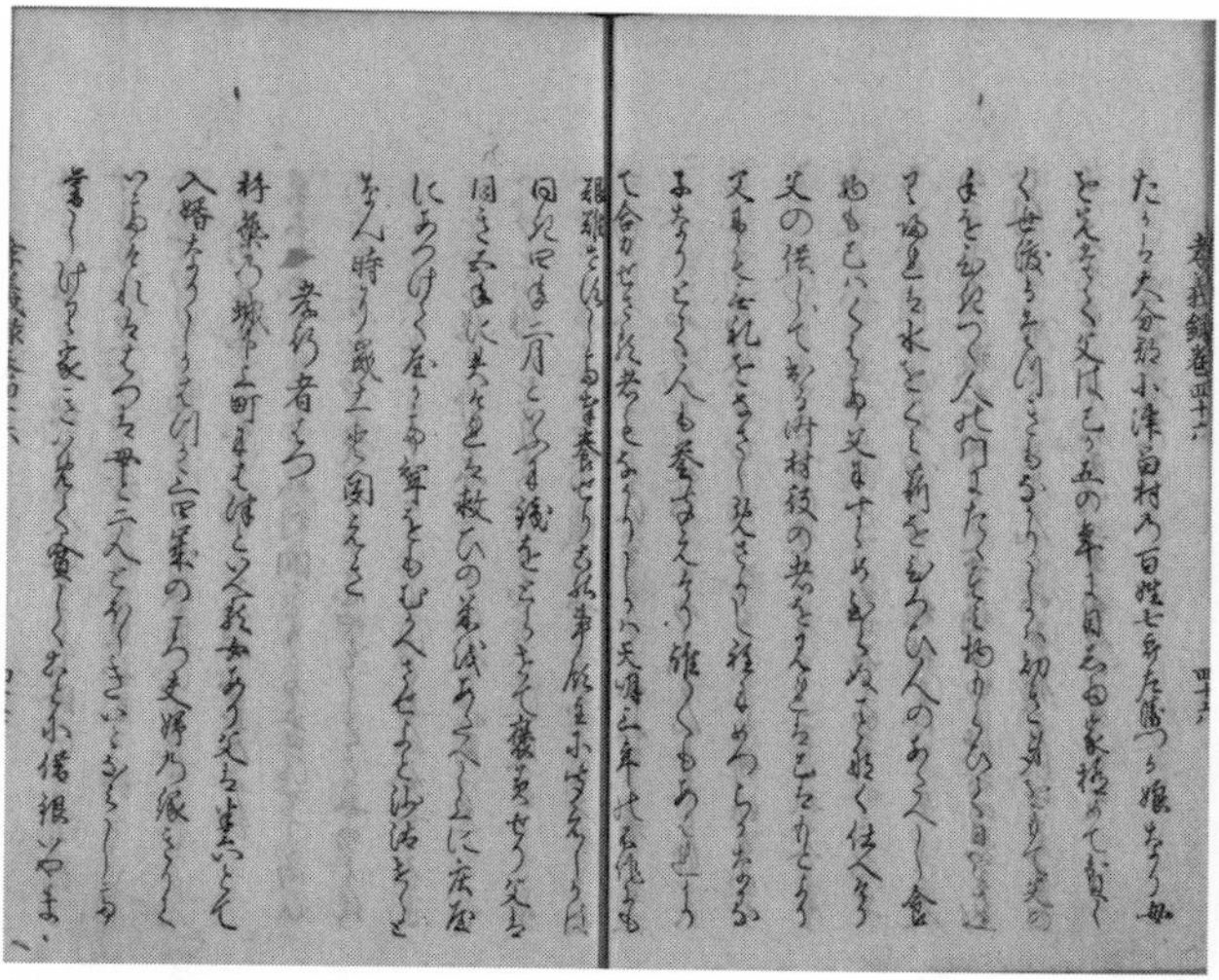

【図4】『孝義録』巻之四十六「孝行者はつ」伝文

に考えるべきなのは、『孝義録』に歴史的に先行する孝行者・奇特者褒賞とともに、その記録を集成しようとした動向である。

『孝義録』巻之四十六には、豊後国《ぶんごのくに》杵《き》築《つき》の城下町に暮らした孝行者として、宝暦三年（一七五三）以後、杵築藩からたびたび褒賞された孝女・はつの事例が掲載されている【図4】。それによれば、はつ（寛保元年〔一七四一〕出生）が幼い頃にその父は離婚して家を去り、娘のはつは母と二人暮らしで育った。はつの家には借財があり、隣家の定七から小屋を借りて住んでいた都市下層民であった。母が病気がちだったため、はつは七、八歳の頃より商いに従事して家計を補充し、成長後は織縫いなどの賃仕事に携わった。母が衰弱すると、はつは必ず食事の仕度に間に合わせるよう、日々その仕事先から帰宅したといい、宝暦三年(一七五三)の十三歳の時に、彼女の孝心の深さが杵築藩から褒賞された。三年後にも同様にその母への孝養が褒賞されている。宝暦十一年にはつの母は亡くなったが、はつは褒賞銀などを母の墓石を建てる費用に充て、自分では使わなかったといい、さらに自分の衣類を売却して祖母の墓まで建立する費用を捻出した。はつはまた、隣の定七をも親のごとくに介抱したので、同じ年にまた藩から褒賞銀を与えられている。定七の没後にその葬儀や供養を営んだのも、はつであった。やがて、家出していた定七のせがれ和助が実家に戻ってきたので、はつはこの和助と結婚したという。はつは結局、かつて住居を借りていた定七の家に嫁入りして、その家の一員となった訳である。

この孝女はつのエピソードは、『孝義録』に収録される以前から、上方《かみがた》や西国《さいごく》の学者たちの知るところとなっていた(湯浅邦弘編『江戸時代の親孝行』大阪大学出版会、二〇〇九)。地元の豊後《ぶんご》杵築領内で活動した学者である三浦梅園《ばいえん》(一七二三〜八九)は、忠臣孝子の評伝をまとめたその著作「愉婉録《ゆえん》」に、このはつの伝記を収めている(天明三年〔一七八三〕跋。『梅園全集』所収)。「愉婉録」のほうが『孝義録』の伝文よりも長文となっているが、そこでは、はつが奉公していた先の主人であるという、藩役人の綾部文右衛門《ぶんえもん》による次のような経験談も筆録されている（『孝義録』の記事には記されていないが、はつは武家屋敷の女中奉公にも出ていたことになる）。

安永五年（一七七六）の冬、杵築藩の公用で綾部が大坂に出張した際、同地の学塾として有名だった懐徳堂《かいとくどう》を訪れた。この懐徳堂の大物教授・中井竹山《ちくざん》（一七三〇～一八〇四）は、以前はつに宛てて贈り物を届けたことがあった。大坂にいた学者までも、はつの若き日の孝養話を聞き知っていたことがわかる。綾部文右衛門は、はつからこの竹山先生への返礼品を託されていたのであり、その品とは、はつの手製になる手拭い一本であった。翌年の正月に中井家で開かれた賀宴《がえん》の席では、集まった仲間たちに対し竹山が、この手拭いこそは自分に対する「孝子の贈り物」なのだと述べた上で、はつの孝行話を満座に披露したのであった。みな嘆賞して聞いていたそうだ、と梅園は記している。

大坂懐徳堂では、竹山の弟である儒学者の中井履軒《りけん》（一七三二～一八一七）も、この孝女はつの伝記を執筆している。履軒の文集『弊帚続編《へいそう》』に収められており、梅園の記述よりも遡る安永三年の記とあって、漢文で記されているが、その内容は、大部分が『孝義録』伝文や「愉婉録」と一致する。ここで改めて、当時懐徳堂の周辺では、孝子・孝行者の顕彰が進められていたことに注意しておきたい。先行研究によれば同時期には、山城国葛野《やましろのくにかどの》郡川島《かわしま》村の孝子・義兵衛《ぎへえ》や、播磨龍野《たつの》の「貞婦《ていふ》」さん、といった存在が、懐徳堂儒者たちによって注目されており、彼らの行状が孝子・貞女の評伝として書かれ、出版もされていた。すなわち、梅園のような地方の学者や、中井兄弟といった懐徳堂の教授たちを結んでいた知識人のネットワークを介して、孝女はつのような孝行譚のエピソード集が共有され、その一部は出版物に載せられて、広く紹介され流布したのである。

懐徳堂の中井竹山はまた、松平定信に提出した非公開の建言書《けんげんしょ》『草茅危言《そうぼうきげん》』において、民衆に対する善行褒賞の必要を説き、年々善行者に対しては褒美を与えるべきである、と述べていた（「旌表《せいひょう》の事」）。最新の研究では、この竹山と定信との繋がりがあらためて注目されている（清水光明「『草茅危言』と寛政改革」『歴史評論』七九三号、二〇一六ほか）。こうした褒賞や顕彰の政策および知識人による言説について、どこまで対応関係が追えるのかは今後の研究次第であろうが、定信の側で懐徳堂周辺の学者グループの動向が意識されていたのは、ほぼ確実といってよい。

以上の事例のほかにも、諸藩でおこなわれてきた孝子褒賞の実例は数多く、藩レヴェルでの孝子伝の編纂もまた多数にのぼる。会津藩の『会津孝子伝』（一七四二年刊）、肥後熊本藩の『肥後孝子伝』（前編一七八五年・後編八六年刊）、岡山藩の『備前国《びぜんのくに》孝子伝』（一七八九年刊）などは有名な刊行物であり、その内容も官刻の『孝義録』に取り入れられている。妻鹿淳子氏は、会津・熊本・岡山の三藩いずれの場合でも、これら刊行物の記載がそのまま

『孝義録』の伝文叙述に流しこまれていることを、分析し明らかにされた。大田南畝らの編纂スタッフらも、利用しやすい材料として役所の書庫に架蔵されていた著作物を写したり、切り貼りしたりして用いていたことになろう。

ここでは幕府編纂事業の前提として、当時の知識人ネットワークによる孝子顕彰の動向、ならびに諸藩で先行していた孝子伝編纂の成果、があったことを述べた。

†言説としての『孝義録』伝文

さらに妻鹿氏は、その著書でこのようにも述べられている。

……為政者としては、実際の善行の行為そのものよりも、その善行の徳目をいかに言説化して、庶民教化の素材として活用できるかということが重要であったのだろう。そのためには、藩がつくった公式記録では不充分で、儒者による徳目として実際の善行行為の有無を越えて物語化し、すでに言説化されている『備前国孝子伝』の方がより適していたということを示している。……幕府の『官刻孝義録』の中身は、かなりの部分、実際の行為そのものよりも言説化されたものであり、（後略）（妻鹿淳子『近世の家族と女性』）

氏に従えば、『孝義録』の伝文記載については、その言説としての特徴に充分留意して読解しなければならない、ということになる。

近世大坂を対象として都市史研究を主導する塚田孝《つかだたかし》氏は、次のような事例を紹介されている（『大坂　民衆の近世史』）。寛政二年（一七九〇）正月、大坂町奉行所は南問屋町《みなみといや》の借家に住む少女である、こう（幸）を褒賞した。養父の死後、養母を助けて孝養を尽くし、病に倒れた養母を看病して、その没後も手厚く回向追善《えこうついぜん》を行った、その孝行は奇特であるという、以上を町触《まちぶれ》として大坂の市中に周知している。これは先にみた豊後の孝女はつと、よく似たパターンの半生である。寛政改革時に大坂町奉行がおこなった最初の褒賞事例であるというが、前年の幕府全国法令を受けて発されたものと考えられる。

興味深いのはこの褒賞後に間もなく、孝女こうを取りあげた孝行譚が、出版物として大坂・京都で刊行され出回っていることである。題名を『燈心屋《とうしんや》孝女伝』といい、こうの褒賞が町触により都市社会の末端まで周知された後であろうと、出版物として利益が見込めるほど評判になっていたわけだが、このように世評で有名な孝女といった題材は、すぐさま言説化されて流布していたということでもある。明治以後も同じ板木《はんぎ》から追刻出版されており（東京大学総合図書館蔵『南問屋町孝子幸女行實』）、相当に後々まで出回ったものといえようか。

従来の研究成果から考えても、『孝義録』に掲載された数々のエピソードの質は、このような言説群とそれほど隔たっているわけでもないのであろう。孝女褒賞の事例を数多く掲げる『孝義録』は、従来の女性史研究では、当時の生き方を反映した史料として活用されてきたが、近世社会の実態を解明するためには、内容のさらなる読みこみや同時代史料との突き合わせも、いっそう必要となってくるのではないか。

†『孝義録』の出版、その後

果たして上梓された『孝義録』は、改革政治の当路《とうろ》者《しゃ》の思惑通りに売れていたのかと、これまで研究者たちからは疑問視されてきた。文学研究者の成果によれば（舩戸美智子「江戸の孝行実録」『共同研究　文芸の中の子供』共立女子大学文學藝術研究所、一九九六）、十九世紀に入って『孝義録』は林家のお膝元たる湯島聖堂では高額で売られているものの、書肆《しょし》では売れ残っていたという（『菊池五山書簡集』）。文化五年（一八〇八）に『孝義録』が再版されたのを受けての状況であろう。また、天保六年（一八三五）での幕府書物奉行の見解では、大部の『孝義録』は出回りにくく、御用達《ごようたし》の書肆（書物師《しょもつし》）・出雲寺《いずもじ》幸次郎に命じて配布させることが検討されている（『天保撰要《せんよう》類集』）。この経費のほうは御用勤めにともなう恩恵の対価として位置づけられた）。そもそも『孝義録』じたいの販売価格が高価にすぎ、とても庶民教化の局面で効果的に機能させることができるものではなかった、ともいえる。『孝義録』の刊行後も、その続編の編纂と出版がめざされた。いま「続編孝義録料《りょう》」として残されている大部のものだが（国立公文書館蔵）、ついにこの稿本が整頓され刊行されるには至らなかったこと自体が、なによりこの幕府編纂事業の限界と歴史上の位置づけとを、明らかに示すものではないだろうか。

さらに詳しく知るための参考文献

史料

菅野則子校訂『官刻孝義録』上・中・下（東京堂出版、一九九九）
菅野則子編『続編孝義録料』第一～七冊（汲古書院、二〇一七～一八）

研究文献

＊ここでは二十一世紀に入ってからの、近年の刊行書に限定して紹介する。

妻鹿淳子『近世の家族と女性　善事褒賞の研究』（清文堂出版、二〇〇八）……本文中でもふれたが、『孝義録』編纂のプロセス解明のうえで画期をなす重要な研究書である。一冊の全体を通じて岡山藩における事例にこだわり抜き、そこを研究上の足場として近世日本女性像への展望を目指したもの。

歴史学研究会・日本史研究会編『日本史講座　第7巻　近世の解体』（東京大学出版会、二〇〇五）……巻頭論文の、横山伊徳《よしのり》「一八—一九世紀転換期の日本と世界」が重要である。定信政権による蘭学の再編・体制化を俎上に載せ、政策体系の面からみれば昌平黌の林家、和学講談所の塙家も同根であるとして、当該期の幕府が学者集団を公認し、その上で彼らの研究を「御用」として組織したことを重視する。

高澤憲治『人物叢書　松平定信』（吉川弘文館、二〇一二）……定信の生涯については本書が詳細であり、政治史研究の面でも重大な問題を提起するものである。

横山伊徳『日本近世の歴史5　開国前夜の世界』（吉川弘文館、二〇一三）……近世史研究における近年最大の達成といえる一冊。一橋治済《ひとつばしはるさだ》・徳川家斉の父子が最高権力者であった十八世紀末から十九世紀前半にかけて、幕府の全国政策や対外姿勢における基調とその揺らぎにつき全面的に再検討して、大局的な権力構造・政治過程の上に寛政改革とその影響までをも位置づけている。

塚田孝『大坂　民衆の近世史——老いと病・生業・下層社会』（ちくま新書、二〇一七）……幕藩権力による民衆褒賞の記録や編纂記事に対しては、本文中で述べたように史料批判が必要となってくる。こうした公式の記録について、ヴァルター・ベンヤミンによる言いかたに倣ってみるなら、それらはいわば〝逆なでに〟読まれなければならない。そうした読みかたには、研究者に備わる技倆のみならず、相応の知識や経験の蓄積も必要なのであって、近世都市社会の実態解明を目指す本書は、このことをよく示す一冊である。

第12講

近代に向かう商品生産と流通

髙部淑子

†各地に生まれる特産物

図1は、一八四〇年（天保十一）に大坂で板行された見立番付「諸国産物大数望《しょこくさんぶつおおずもう》」である。日本各地の産物を番付に仕立てたもので、大関は松前昆布・白米、関脇は最上紅花・藍玉である。前頭には伊丹酒や宇治茶、備後の畳表、尾張の瀬戸焼（瀬戸物）も名を連ねている。張出は土佐の鰹節、日向の炭である。

天保期ごろには特産物を取り上げた見立番付が数多く発行された。すでに一七五四年（宝暦四）には『日本山海名物図会』、一七九九年（寛政十一）には『日本山海名産図会』が刊行されていた。このような書籍や刷物が発行された背景には、各地の特産物の誕生とそれに対する関心の高さがあった。

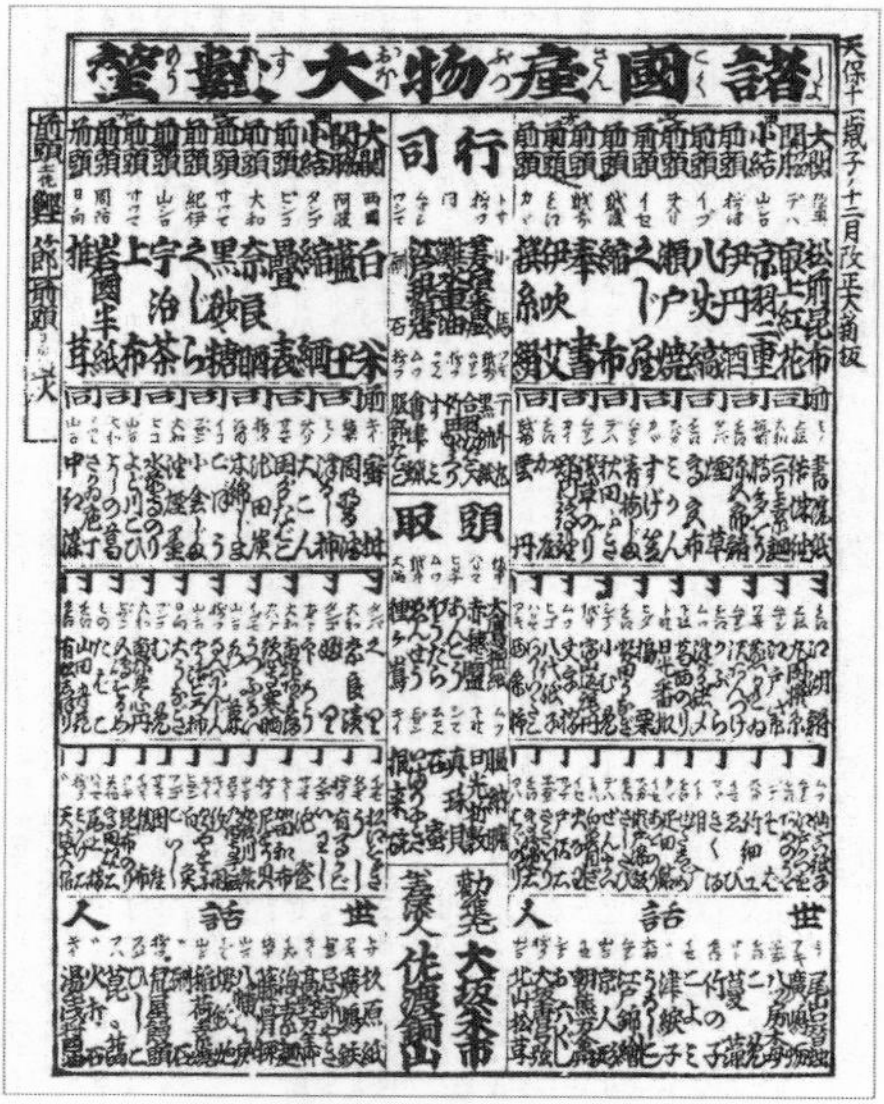

【図１】「諸国産物大数望」（大阪中之島図書館所蔵）

成立当初、幕府は全国の幕領からの年貢米を江戸・大坂に集約すること、江戸の消費をまかなうことを第一に考えて物流システムを整えようとした。江戸は武士とその生活を支える町人が大量に居住することになったが、当初江戸の周辺地域の生産力は西日本ほど高くなかった。そのため、西日本の物資を大坂に集め、そこから江戸へ運ぼうとした。幕府・諸藩の年貢米輸送の必要から、十七世紀後半には河村瑞賢によって東廻り航路・西廻り航路が整備された。十七世紀末には大坂から積み出す荷物を扱う二十四組問屋、その荷物を受け取る江戸の十組問屋が組織された。大坂・江戸間の輸送は菱《ひ》垣廻船《がきかいせん》が担った。上方から江戸へ運ばれたいわゆる「下り物」が江戸の暮らしを支えたのである。

年貢米確保のため、幕府は本田への稲の作付を原則とし、新田開発を奨励した。その結果、十七世紀の約百年間に田畑の面積は約一・八倍、石高《こくだか》は約一・四倍に増加した。しかし、「米価安の諸色高《しょしき》」（米価が安くその他の物価が高いこと）という現象を引き起こし、幕府・諸藩の財政や武士の家計を圧迫する結果となった。

幕府・諸藩が稲作を奨励する一方で、なかには商品作物栽培や加工品生産に取り組む人々も現れた。河内大ヶ塚村（大阪府河南町）の河内屋可正は木棉《きわた》栽培のコツを子孫に書き残した。下総銚子の田中玄蕃は十七世紀前半に上方から技術を導入して醬油造りを始め、十七世紀末には小麦を配合する新しい製法を編み出した。こうした流れが十八世紀に入ると各地で展開するようになり、江戸地廻り（江戸周辺地域）の生産力も向上し、日本各地の名産品が市場に出回るようになった。

†木綿織物の生産

中世末から生産が本格化した木綿は、江戸時代には人々の衣料用に普及した。原料や織り方、色、柄などが異なるさまざまな製品が作られた。図1にも青梅縞《おうめじま》・有松絞や河内の木綿縞などの名をみることができる。

図2は『尾張名所図会』に記された「結城縞織屋の図」である。マニュファクチュア

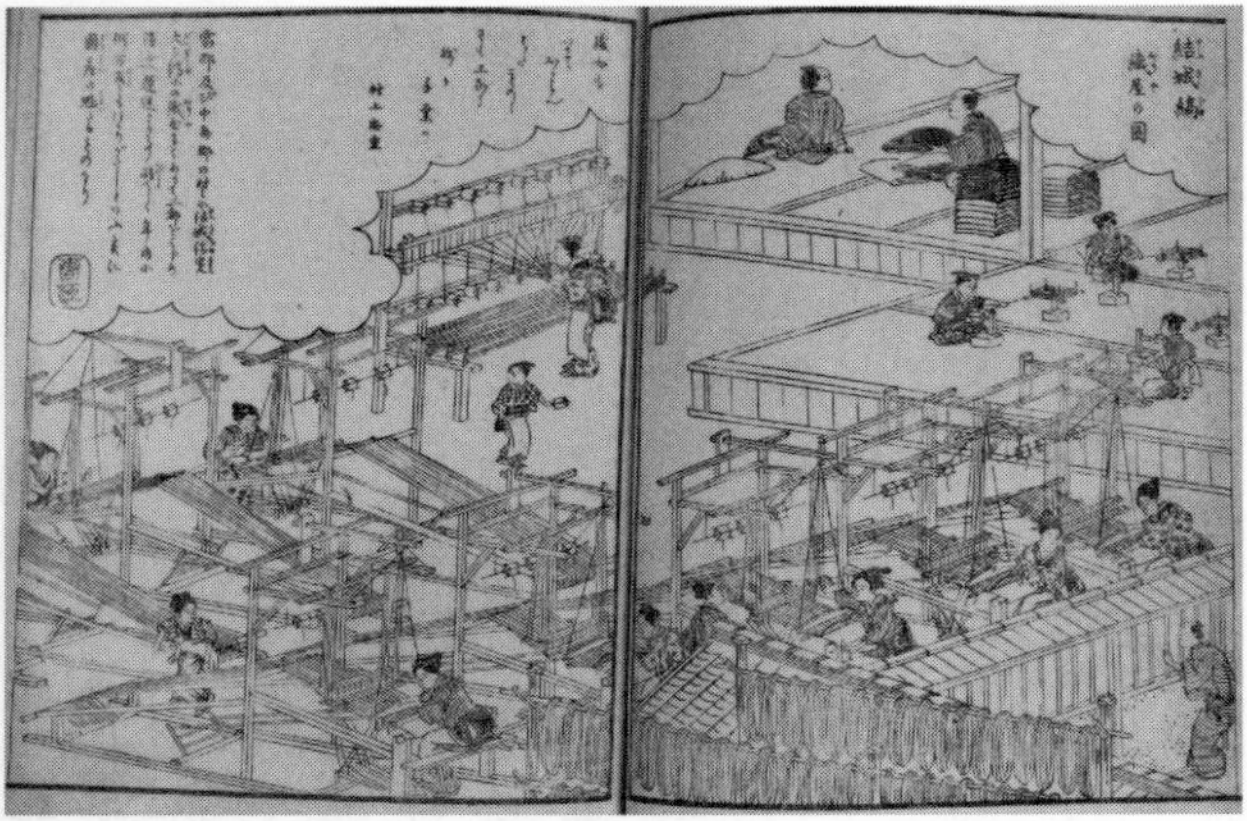

【図2】『尾張名所図会』の結城縞織屋の図

（工場制手工業）の様子を描いたものとして、多くの高校の教科書や資料集に紹介されている。結城縞は十八世紀末ごろ下総結城地方で作られるようになったもので、経糸に絹糸、横糸に綿糸を使う。尾張尾西地域に伝えられたのは文政期といわれる。

木棉の実から木綿の織物ができるまでの工程は、①綿繰り（実綿から種を除く）、②綿打ち（弓を使って綿をほぐして柔らかくする）、③糸紡ぎ（紡いで糸車にする）、④晒し（糸を茹でて干す）、⑤綛糸《かせいと》作り（糸を綛に巻く）、⑥経糸の準備（経糸を整えて機にかける）、⑦機織り（横糸を通して織る）の大きく七段階に分けられる。糸を染める場合は⑤⑥の間に染めの工程が入る。

図2では、右下に④の工程の干した糸、右

上・左上に⑥の工程、左下から右中央にかけて⑦の工程が描かれる。⑦の工程では八台の織機（一台は画面外）が稼働している。これがひとつの空間で行われているように描かれているため、尾西地域の綿織物業ではマニュファクチュアが展開していたといわれるのである。それも図2では糸作りから織物の完成まで、つまり紡績と織布の両工程を含んでいる。主人と客、外から除く人物をのぞいて、働いている人物はすべて女性である。

しかし、実際にこのような形で結城縞は生産されていたのであろうか。尾西地域に残る史料からは、織屋が保有している織機は一～三台程度が多く、五台以上を持つ織屋はかなり少数である。織屋が持つ台数の中には貸出用の織機を含む可能性もある。反対に、織屋以外にも数台の織機が置かれている家は多い。

機織りは女性の仕事という意識は強い。農村の女性にとって機織りは代表的な夜なべ仕事であった。尾西地域の織屋も女性の奉公人を雇っていたが、五人以下程度が多数であった。日中は自分の家や奉公先の農作業を、そして家での夜なべ仕事として機織りを行うのが一般的であったと考えられる。

『尾張名所図会』やその別編にあたる『小治田之真清水《おわりだのましみず》』では、いろいろな場面を組み合わせてひとつの挿絵に仕上げていることがある。この「結城縞織屋の図」もその可能性があるのではないだろうか。

木綿は先に示したとおり綿繰りから機織りまで多くの工程が必要である。原料の実綿、途中で作られる繰綿・綛糸も半製品として流通する。尾西地域でも購入した綛糸を使って最後の機織りだけを行っている織屋も存在する。三河大浜（碧南市）や尾張横須賀（東海市）などには市が立ち、先物も含めて大量の繰綿が取引されていた。木綿は加工の工程が多いだけではなく、原料・半製品、道具、人などの複雑な動きが組み合わされて完成する製品であった。

†醸造業の展開

江戸時代にはさまざまな醸造業が産業として成立する。それまではまさに自家製の「手前味噌」が中心だったが、販売されている商品を人々が買うようになるのである。

醸造業のなかでも大きく発展したのは酒造業であった。麹米《こうじまい》・蒸米《むしまい》を両方とも精白して用いる諸白《もろはく》、雑菌の少ない時期に仕込む寒造り、蒸米を複数回に分けて仕込む段仕込みなどの技術が普及して、江戸時代半ばを過ぎると上方以外でも現在の日本酒に近い質の酒ができるようになった。

町や村のなかに酒蔵ができ、冠婚葬祭や祭礼など人々が酒を飲む機会も増えた。地元で飲まれる酒も大量に造られたが、江戸へも大量の酒が運ばれた。江戸に入る酒は関東で造られた地廻り酒と幕府が認めた十一カ国で生産された下り酒であった。下り酒十一カ国は摂津などの上方七カ国と尾張など伊勢湾周辺の四カ国である。幕末期には江戸へ百十五万樽以上の酒が入り、その八七パーセントが下り酒であった。下り酒のうち八五〜九〇パーセントは灘や西宮など上方の酒、残りが尾張などの酒であった。享保期には下り酒は二二パーセントしかなかったので、下り酒の品質とブランドが地廻り酒を圧倒したといえるだろう。酒は安いものと高いものとでは十倍ほどの価格の開きがあり、実際ふだんは安い酒を飲んでいても、何かの機会には下り酒を飲みたいと思う江戸っ子は多かった。

酒造りには多くの人手が必要だった。杜氏《とうじ》を中心とした蔵人以外にも、米舂《こめつき》の人足、桶・樽の職人が不可欠だった。また、酒を搾る時には木綿に柿渋を塗った細長い袋に醪《もろみ》を入れ槽《ふね》に並べて圧力をかける。繰り返し使った袋は破れたり縫い目がほつれたりする。このような袋の繕いは女性が行うこともあった。酒造業、とくに江戸積を行うような大規模な酒造業は、経済力を持った酒造家だけではなく、地域全体の生産力、労働力、技術力があってはじめて成り立つものであった。

酒と対照的に醬油は江戸地廻りを代表する産物である。十七世紀に醬油造りの技術が銚子に伝えられると、より江戸に近い下総野田周辺へと産地が広がっていった。十八世紀前半には江戸に入荷する醬油の七六パーセントが大坂からであったのに対して、十九世紀半ばには下り醤油はわずか六パーセント弱に過ぎなかった。小麦を加えた香ばしい関東醤油が下り醤油を圧倒したのである。

この他にも、十九世紀になると味醂、米・酒粕を原料とした酢など、さまざまな醸造品を手に入れることが可能になった。醸造品は鰹節や椎茸などを使った出汁《だし》と組み合わされて、日本食の基本をつくりあげた。

†物流網の実態

幕府は江戸とそれを支える大坂を中心に物流システムを構築した。もうひとつ幕府にとって重要だったのは、長崎貿易で輸出される蝦夷地産の海産物を運ぶルートであった。これは下関を結節点として北の産物を九州方面へと運ぶルートがつくられていた。昆布は津軽海峡以北で採取されるが、これは長崎に留まらず琉球まで運ばれていた。現在でも沖縄の昆布消費量が多いのは江戸時代以来の食習慣が生き続けているからである。

物流網は遠距離をつなぐ大型廻船、近中距離をつなぐ小型廻船やその他の船、河川を航行する川舟が結びついて形成されていた。大型廻船に積まれた荷物は湊で小型の船や川舟に積み替えられた。荷物は小型の船で周辺の沿岸部、川舟で川をさかのぼり河岸《かし》におろされ、そこからは陸路で運ばれた。利根川水系の最上流の河岸であった倉賀野《くらがの》(高崎市)は、利根川河口部からは二百キロメートル近く上流に位置している。下り船は三、四日で江戸日本橋に着いたのに対して、川をさかのぼる上り船は十七、八日を要したといわれる。

大坂から江戸への海上輸送ルートが物流の大動脈であったことはもちろんであるが、実際の物流はもっと多様に展開していた。

現在、陶磁器の食器類などは一般に瀬戸物をよばれる。しかし、江戸時代には畿内より東では瀬戸物、中国地方より西では唐津物とよばれていた。播磨などでは両方の語が使われていたようである。これはふだん使いの食器が、西日本では唐津焼、畿内以東では瀬戸焼であったことに由来する。瀬戸物は尾張瀬戸地域で焼かれる陶磁器であり、十九世紀には尾張藩の国産品とされた。江戸に入る陶磁器の内、瀬戸・美濃産は十三万二千俵以上、全体の約四三パーセントを占めていた（美濃焼も尾張藩の国産品である）。しかし、大坂方面へもかなりの量の瀬戸・美濃焼が出荷され、美濃焼生産の中心であった西浦家は江戸・大坂両方で陶器問屋を開業していた。

尾西地域で作られた綿織物も、一八四四年（天保十五）の起村《おこし》（一宮市）からの売捌き先は、近江四三パーセント、京都・大坂二八パーセント、伊勢四日市一一パーセントとなっている。他の売り捌き先も含めて江戸への中継点となる可能性があるのは四日市だけである。尾張藩の国産品であった岐阜縮緬《ちりめん》や桟留縞《さんどめじま》も主な送り先は京都であった。

また、江戸方面へ運ばれた荷物はすべて江戸で消費されるわけではない。尾張や上方から江戸へ入った糠《ぬか》は、荒川水系などを通って武蔵野台地の村々へ運ばれ畑の肥料に用いられた。伊勢桑名から積み出された古着類は仙台や山形まで送られていることもわかっている。物の動きは方向・距離ともさまざまであり、多様な物流によって人々の生活が成り立っていたのである。

†さまざまな廻船の存在

大量の荷物を遠距離運ぶのに最適な手段は船であった。江戸時代の廻船は弁財船《べざいせん》とよばれる形の船で、一本の帆柱に張った帆が唯一といってよい動力であった。側面の板の長さと角度を調整することによって大型化が可能であった。帆が一枚なので上げ下げに手もかからず省力化という面でも優れた船であった。米を千石積めるほどの船であっても十一人程度で航海が可能であった。

廻船としてよく知られているのは、高校の教科書にも必ず記載がある菱垣廻船・樽廻船である。菱垣廻船は十組問屋・二十四組問屋の差配のもとで大坂・江戸間を航行した船であり、樽廻船は菱垣廻船の中から酒などの樽荷物を積む船として分離した廻船である。菱垣廻船・樽廻船の船数の最盛期はそれぞれ百六十艘・百六艘を数えた十八世紀半ばで、それ以降船数は減少に向かうといわれる。

しかし、十八世紀半ば以降には、各地の生産活動が活発になり特産品が生まれ、物流量が増大する。その時代に大坂・江戸間を特定の荷物だけ積んで航行する菱垣廻船・樽廻船だけで物流を支えることは不可能である。各地に運ぶ荷物が増えて、廻船が活躍するチャンスも増大する。このチャンスをうまくとらえた廻船は成長し、なかには全国の物流網の一角を担うようになった廻船も現れた。高校の教科書にも登場する北前船や内海船《うつみぶね》はその代表格であろう。

北前船は、定義やその始まりについて研究者によって違いがあるが、大坂と箱館・松前・江差の間を航海し、大坂からは蝦夷地や倭人地で必要な物資を、箱館などからは蝦夷地の海産物を運んだのが、北前船の活動の中核である。蝦夷地からの荷物は長崎貿易にも不可欠であったし、鰊を原料とする魚肥《ぎょひ》は西日本を中心に利用された。

内海船は、大坂町奉行阿部正蔵の意見書で、大坂に入る荷物を減少させる原因のひとつと指摘された廻船である。内海船が全国規模の廻船として活躍し始めたのは十八世紀後半からで、時期的にみても菱垣廻船と直接的な対抗関係にあったわけではない。また、買積（船が買い取った荷物を販売してその差額を利益とする経営方法）の比率が高いという特徴はあるが、廻船が守るべきルールに則り航海・取引を行っている点は他の廻船と変わりはない。内海船は戎講《えびすこう》という仲間を組織しているが、尾張内海（愛知県南知多町）周辺の船がすべてこの講に加入しているわけでもなく、また戎講は近くの尾張野間（愛知県美浜町）や尾張常滑の廻船仲間とも連携している。内海船は尾州廻船（尾張藩領内に船籍がある廻船）のひとつのグループという位置づけなのである。

十八世紀後半、江戸には六十軒ほどの廻船問屋があった。廻船問屋の仕事は湊に入った船や乗組員の世話、船内の消費物資の調達、場合によっては取引相手の手配などで、原則的には船籍地によって廻船問屋は決まっていた。当時の江戸廻船問屋が扱った船の船籍地は太平洋側ではほとんどの国に及ぶ。それだけ廻船はどこにでもいたということである。

関東以外では、三河・尾張・紀伊・淡路・阿波などは国内の船籍地ごとに廻船問屋が細かく分かれており、多くの廻船が活動していたことを推測させる。そもそも、菱垣廻船は紀伊富田《とんだ》（和歌山県白浜町）の船を借り受けて利用したことから始まったといわれる。また、美濃の幕領の年貢米を桑名から積む廻船は古くは伊勢湾沿岸の船だったのが、伊勢湾沿岸の船が全国物流網へと航路を広げるなかで、遠江掛塚（静岡県磐田市）の廻船が代わって請け負うようになっていった。さまざまな地域の廻船の存在を前提として物流網のあり様を考える必要がある研究段階になっているといえよう。

経済活動が活発になると、それを円滑に進めるためにさまざまなルールが決められるようになる。取引の方法やそれにともなう手数料、移動・保管に要する経費の計算方法などはそれぞれの荷物や場所によって決められていた。荷物そのものについても問屋の厳しい目が向けられていた。

たとえば、酒や酢のような醸造品は江戸へ送る際には四斗樽を用いるのが原則であった。酒樽は菰《こも》で包み銘柄を書き縄をかけて出荷する。江戸で荷物を受け取った下り酒問屋は、内容量や酒の色合いや濁りの有無などの品質はもちろんのこと、パッケージに用いられた菰や縄がきれいかどうかまでチェックした。問題があると生産者に書状を送り注意を喚起する。販売先が地元であれば、適当な樽に製品を詰めて内容量に応じて価格を決めればよく、裸樽のままでも菰樽にしてもかまわなかった。江戸で市場を獲得するためには、高い水準での品質管理が求められた。

さらに、商品によっては品質による細分化も進んでいた。尾張知多地域は木綿のなかでも晒木綿《さらしもめん》の産地として知られる。織物の質と晒の程度が製品の評価を決定する。それでも、知多地域の木綿買次問屋は江戸の木綿問屋それぞれに対して八〜十種類ほどの銘柄の晒木綿を出荷している。江戸での晒木綿の銘柄は、品質ごと、さらに木綿を扱う大伝馬町組・白子組ごとに定められ、各木綿問屋は自分が所属する組が使う銘柄のなかから自分の店で扱う銘柄を決めるという形になっている。

江戸の木綿問屋から買次問屋へは、従来からある銘柄の間に相当する晒木綿の注文がしばしば届く。すると、買次問屋は生産者に指示を出しその要望に応じた製品を作って出荷する。このようにして銘柄の細分化は進んでいく。

このような厳しいチェックや品質管理を通して認められたものが、名産品として図1にあるような見立番付に仕立てられていく。人々が認めた「ブランド品」というわけである。鰹節や醤油・酒は単独の商品としても見立番付が作られた。それだけブランド性の高い商品だったのである。有松絞が東海道を行き来する旅人の土産物として人気だったのは、世の中の人々が認めた一流品という評価と結びついての結果であった。ただ、ブランド品としての評価が同時代のものであるとは限らない。十九世紀には上方の酒の産地の中心は伊丹から沿岸部の灘・西宮に移っていた。それでも番付に載るのは「伊丹酒」なのである。

このように伝説化したブランドも存在していた。

†人々が「選ぶ」時代

晒木綿の銘柄と同じように、他の商品でも細分化は進んでいた。常滑焼の急須は従来朱泥《しゅでい》の急須の生産が本格化する明治期以降に大量に生産され、東京へも移出されるようになったと考えられていた。しかし、近年の研究で十八世紀前半、遅くとも幕末期には年間に数千、場合によっては一万個を超す数の急須が江戸に運ばれ販売されていたことが明らかになった。それも、容量(一〜五合)や焼き方、色合い、形状などによって作り分けられ、時には作家指名の注文生産も行われていた。江戸の町人たちは数多くの種類の急須のなかから気に入ったものを選んで買い求めることができたのである。

人の好みは不変ではなく、珍しいもの、新しいものなど人気には変化があり、流行りすたりがあった。着物の織りや柄にも流行があり、江戸時代には来年の流行の柄を知りたければ伊勢白子(三重県鈴鹿市)に行けばよいといわれていた。これは白子《しろこ》・寺家《じけ》(鈴鹿市)が型染用の型紙の産地であり、ここで作られた型紙が全国に流通していたからである。

和食の代表格であるすしの原型となった早ずしは、文政期ごろに江戸で始まったといわれる。それ以前のすしは発酵食のなれずしで、食べられるようになるまでに時間がかかった。それを米に酢を合わせネタと組み合わせてすぐに食べられるようにしたのが早ずしである。この早ずしは一八三五年(天保六)に名古屋に初めて店ができると大人気となり、数年後には知多半島の民俗行事である虫供養の屋台にも登場した。早ずしの登場の二年後、名古屋には京都伏見の駿河屋が出店して羊羹を売り出した。名古屋は東西両方向の流行が交叉する都市であった。

幕末期、尾張から美濃へ通じる街道筋にある村の百姓の父は酒と漬物、母は魚が好物であった。魚好きの母には常日頃から魚を準備し、暑い盛りは名古屋で調達した魚を出すこともあった。ふだん父が飲む酒は名古屋・犬山・岐阜の三カ所の酒、漬物も常備していた。しかし、剣菱《けんびし》か男山が飲みたい、珍しい漬物が食べたいという病気の父の望みに応えるため、酒は名古屋で買おうとしたところなかったので四日市で、漬物は御器所村《ごきそむら》（名古屋市）で買って父に与えた。剣菱はもとは伊丹、このころは灘、男山は伊丹を代表する酒の銘柄である。御器所は『尾張名所図会』にも紹介された沢庵の産地である。この百姓の行いは村内だけではなく周辺村々の百姓の見本と評価された。

この百姓の例にみるように、幕末期には好みに応じて物を選んで買える社会が成立していたのである。

†働き手としての女性

家での夜なべ仕事としてできる織物づくりの主たる担い手は女性であった。『尾張名所図会』の結城縞織屋の図も、場面の設定はともかく綿織物業の中心となって働く女性の姿を描いたものといえよう。

機織りが女性の仕事という認識は広く浸透していた。尾張藩で一七九一年（寛政三）から採用された綿布《めんぷ》役銀《やくぎん》の制度にもその認識が反映されていた。立案者は領内の女性人口を四十万人と想定し、病人・障害者、無高の家の女性以外の十四〜六十歳（数え）の女性二十万人が役銀賦課の対象とされた。役負担を一人平均木綿三尺と仮定、反数にして二万三千反余（一反二丈六尺）、金額にして二千五百両余（一反あたり六匁余）と試算された。実際には家の持高を四段階に分け、それに応じて銀納させた。立案者は名古屋や熱田・岐阜・犬山などの都市部とその他の農村部とは賦課基準に差を設けるべきとも考えていた。機織りは農村の女性の仕事と考えられていたことがわかる。

しかし、機織りだけが女性の仕事であったわけではなく、前述したように、表だっては女性が関わらない酒造りのような業種であっても、酒造りの周辺で女性が働いていたこともあった。もちろん、農業も女性の働きを組み込んで成り立っていた。それほど重労働ではない草取りや花や実などの収穫には多くの女性が携わった。その中には綿や紅花など各地の特産品となるものも多く含まれていた。

働き手としての女性の役割が重要だったためもあり、農家の女性の結婚は二十代半ば以降が多く意外と晩婚であった。マニュファクチュアが大規模に展開しそこで女性が働くようになるには、女性を農業の仕事から切り離す必要があった。工場で働くことと農作業をすることを天秤にかけて前者が優位に立つのは、農業・工業を取り巻く経済状況が大きく変わり始める一八八〇年代以降であろう。さらに十九世紀末以降、力織機が発明され工場に導入されるようになると、織布工場に男性の姿もみられるようになり始める。

さらに詳しく知るための参考文献

青木美智男編『日本の近世17 東と西 江戸と上方』(中央公論社、一九九四)……地域による暮らしや文化の違いとその交流を幅広く取り上げ、近世社会を再考する。

林英夫・青木美智男編『番付で読む江戸時代』(柏書房、二〇〇三)……十九世紀に数多く作られる見立番付を読み解き、時代・社会・庶民の世界を描く。

田村均『ファッションの社会経済史 在来織物産業の技術革新と流通市場』(日本経済評論社、二〇〇四)……幕末期から明治期前半にかけての綿織物業・毛織物業を技術革新と流行で読み解く。

江戸遺跡研究会編『江戸時代の名産品と商標』(吉川弘文館、二〇一一)……考古学の立場から、名産品や商標の成立や普及を論じる。

第13講

遊女の終焉へ

横山百合子

近世遊廓の成立

中世の遊女は、芸能者として宴席に侍ったり旅人に旅宿を提供したりしながら、売春を家業とし、主に女系で家業を継承していく自営業者であった。しかし、戦国時代以降、男性の遊女屋が女性たちを抱えて売春をさせる近世の買売春のしくみが生まれていく。

豊臣秀吉の統一から江戸幕府成立期には全国で城下町建設が進み、京都では、豊臣秀吉が一五八九年（天正十七）に万里小路《までのこうじ》付近の二条柳馬場に傾城町《けいせいまち》を置くことを許した。江戸では、一六一七年（元和三）、庄司甚右衛門《しょうじじんえもん》ら遊女屋の出願により日本橋葺屋町《ふきやちょう》付近に傾城町が置かれた。一六五七年（明暦三）の大火後には、浅草の北方に移転して、江戸町一・二丁目、角町《すみちょう》、京町一・二丁目の五つの町からなる新吉原《よしわら》遊廓が建設された（揚屋町《あげやちょう》は、商人家などを中心とし、五町に従属する町であった）。大坂でも、寛永初年頃には傾城町が置かれ、新町と呼ばれた。これらの傾城町は、売春営業の独占を許され、遊女屋が仲間を結成して遊廓を維持運営していった。また幕府は、公認遊廓のほか、宿場、湊町などに飯盛《めしもり》女《おんな》（飯売女《めしうりおんな》）、洗濯女などを置くことを許可し、売春営業を黙認した。さらに、売女屋と呼ばれる非合法の経営者もあり、そこで抱えられる女性は売女、あるいは隠売女《かくしばいじょ》と呼ばれた。十八世紀以降、このような非合法の売春地は岡場所と呼ばれた。

こうして、中世の遊女とは異なり、遊女屋が遊女に売春を行わせる近世の買売春の形が生まれたが、「身売り奉公」といわれるように、そこでは、女性たちは事実上の人身売買によって売春に従事させられた。公認の遊女だけでなく黙認の飯盛女には飯盛旅籠屋《はたごや》、岡場所などの隠売女にも売女屋があり、夜鷹《よたか》のような最底辺の娼婦にも夜鷹を所有する夜鷹屋がいたのが、近世の買売春の特徴であった。

近世城下町は、兵農分離の原則のもとで軍事力集中を目的に建設された都市であるが、なかでも幕府の置かれた江戸の遊廓は大きく発達した。江戸では幕臣や参勤交代で出府する単身の武士、武家奉公人（武家に仕える単身の百姓・町人出身の男性労働力）など、十八世紀の前半まで、男性人口が女性の二倍を占めており、幕府は、管理統制された買売春を必要とみなし保護した。もちろん、幕府も一般的には誘拐や人身売買を禁じていた。しかし、傾城町などの遊廓関係者同士がどのように娼婦を調達し、いかに取り扱うかは傾城町に任せ、その内部での事実上の人身売買には関与しなかったのである。このような都市の側の動きが、大量の合法／非合法の娼婦を生み出すプル要因だとすれば、貧困や年貢上納のために妻や娘を売る家父長的な百姓や町人の家がこれに応じるプッシュ要因となって、新吉原を頂点とする性産業は全国に広がった。もちろん、歌舞伎の仮名手本忠臣蔵に登場するお軽《かる》・勘平《かんぺい》の例を持ち出すまでもなく、自ら売春に身を投じた女性が存在したことも明らかにされている（曽根ひろみ『娼婦と近世社会』）。しかし、巨大な城下町では、家屋や土地の所有、道路の利用権などはきわめて詳細かつ厳密に分有・管理されており、大坂でも、女名前での借家には三年という制限があった。中世のように、女性自身が恒常的に性を売る場を確保し、不特定多数を相手に営業を継続することは難しかったであろう。

†新吉原五町の役と特権

江戸を中心に近世遊廓の展開と終焉を考える際には、傾城町の性格をみておくことが大切である。江戸の町は、町として国役や公役などの役（義務）を負うと同時に、町の成り立ちや職業の構成に応じて、さまざまな特権を認められていた。では新吉原遊廓の五町は、どのような役を負い、どんな特権を認められていたのだろうか。

新吉原五町は、一般的な町と同様に、家屋敷の間口に応じて御用人足役という公役《くやく》を負担し、幕末には金銭に換算して毎年一九両三分、のべ二千二百三十五人分を上納していた。一方、近世後期には、傾城町に固有の役として、売上の一割を町奉行所に上納する義務もあった。その金額は、最幕末の慶応三年では、当時開設されていた深川遊廓と併せて二万両に及び、町奉行所の収入の一二パーセントほどを占めていた。また、治安情報の密告と江戸における性秩序の維持も重要な役割であった。新吉原五町は、さまざまな非合法の売春取り締まりの役を負っており、十七世紀には、数十人規模で薙刀《なぎなた》や刀を用いて戦闘におよぶような取り締まりも行われた（塚田孝「吉原――遊女をめぐる人びと」『身分制社会と市民社会――近世日本の社会と法』柏書房、一九九二年）。

一方、このような役にたいして、五町にはどのような特権があったのだろうか。五町の最大の特権は、江戸の性売買の独占を認められたことである。密売の取り締まりも、五町が売春営業独占の特権を得ていることと表裏の関係にあった。五町は、密売させていた者を捕縛し町奉行所に報告するだけでなく、捕えた売女を鬮《くじ》引きで引き取り、その町の遊女屋たちが使用する特権を得ていた。天保期には、入札によって落札し代金を町奉行所に納めることとなるが、安価での遊女の調達は、資金力の乏しい小規模の遊女屋にとって重要な特権となった（宮本由紀子「隠売女と旗本経営――「藤岡屋日記」を中心として」『駒沢史学』五五、

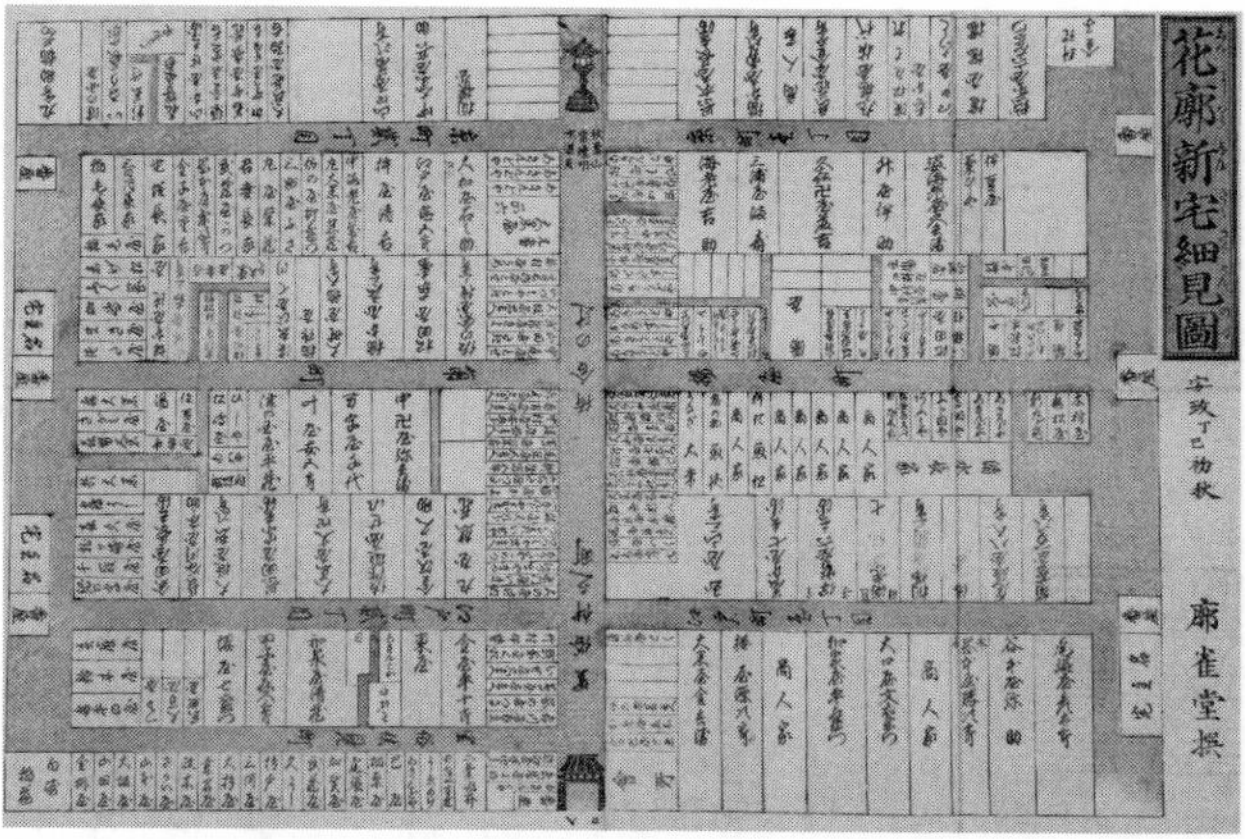

【図1】「花廓新宅細見図」(東北大学附属図書館所蔵)。新吉原遊廓は、1855(安政2)年の安政大地震によって全焼した。この図は、その後再建され遊廓営業が始まった1857年に作成されたもの。唯一の出入口となる大門をくぐると、中央に仲之町通りがあり両側に茶屋が並ぶ。仲之町通りと交差する道路に沿って、六つの両側町が配置されている。

二〇〇〇年)。岡場所などの非合法の売春が見逃された時期も多いが、新吉原五町の売春営業独占の原則が揺らぐことはなかったのである。

✝遊廓の構造と遊客

遊興の場としての新吉原遊廓はどのような場所だったのだろうか。「花廓《はなくる》新宅細見図《わしんたくさいけんず》」【図1】は、安政大地震後に再建された新吉原遊廓を紹介する絵図である。揚屋町を除く五町の道路の両側には遊女屋が軒を連ねている。これらの遊女屋の名称は時期によって異なるが、総籬《そうまがき》(大見世)、半籬《はんまがき》交じり(中見世)、半籬(小見世《こみせ》)などと呼ばれ、お歯黒溝《はぐろどぶ》と呼ばれた遊郭を囲む堀の内側には、河岸《かし》見世と呼ばれる下層の見世が並んだ。さらに、京町二丁目の奥などには、局《つぼね》見世という最底辺の局遊女屋が集住する長屋が置かれた。

一方、揚屋町は、もともと客が遊女を呼び出して遊興する揚屋や、遊女屋に隷属し客の案内などをする茶屋、種々の商人家が集まった町である。茶屋は、十八世紀初め頃までは十数軒であったが、揚屋が消滅した一七六〇年（宝暦十）以降は、客の案内や代金の精算・徴収まで行う引手《ひきて》茶屋としてその数を増し、仲之町通の両側にずらりと並ぶようになる。十八世紀半ば以降、客は引手茶屋の案内で遊女屋に上がり、茶屋は客の支払等の世話も行った。

遊女は、十七世紀末から享保頃には二千数百人、その後、寛政期には四千人を越え、一八〇一年（享和元）には四千九百六十三人におよんだ（山城〔宮本〕由紀子「『吉原細見』の研究——元禄から寛政期まで」『駒沢史学』二四、一九七六）。それらの遊女のうち、太夫《たゆう》、格子《こうし》を最高位とする高級遊女は、十七世紀から十八世紀にかけてさまざまに呼称を変えながら、次第に減少する。幕末の一八四七年（弘化《こうか》四）には、張り見世（道路に面した格子の内に遊女が並び、客が好みの遊女を選んで買う商売の仕方）に出ずに客の指名によって相手をする呼び出しと呼ばれる遊女はわずか一・七パーセントであった（『近世風俗誌』三、岩波文庫）。また、十八世紀以降どの時期でも、新吉原遊女の半数は、茶屋などを通さないランク外の下層の遊女であった。

それにしても、なぜ遊廓はゆるやかに下層化・大衆化していったのだろうか。十七、十八世紀には、仙台藩主伊達綱宗《つなむね》や姫路藩主榊原政岑《まさみね》らによる遊女の身揚げや豪商紀伊国屋《きのくにや》文左衛門《ぶんざえもん》などの派手な遊興が伝えられるが、十九世紀以降には大名による遊女の身揚げはみられなくなる。武家の財政逼迫《ひっぱく》と支配体制の揺らぎのなかで、多額の費用のいる遊廓遊びは次第に現実的ではなくなったのであろう。十九世紀には、大見世・中見世の中心的な顧客は、参勤交代に付き随《したが》ってきた中級武士や大きな商家の有力手代などの単身男性、地方から出てきた豪農などであった。また、「折助《おりすけ》」と呼ばれる武家奉公人や下層町人を相手とする局遊女屋や非合法の岡場所なども数を増していったのである。

新吉原での登楼の例を具体的にみてみよう。加賀藩の支藩大聖寺《だいしょうじ》藩の儒者の家に生まれ、近習頭《きんじゅがしら》など藩主側近も務めた中級藩士笠間享《かさまとおる》の「笠間日記」(『加賀藩資料』九、一九八九)には、しばしば新吉原での買春の記事がみられる。参勤交代で江戸詰めであった一八〇〇年(寛政十二)閏《うるう》四月九日の記事によれば、享は、朝、馬場で馬の稽古をし、藩邸で主君の茶道具の贈答にかかわった後、午後には同僚三人と連れだって新吉原に出かけ、八幡屋五郎《ごろ》兵衛《べえ》という上級茶屋の案内で、京町壱丁目の半籬交じり(中見世)の大文字屋《だいもんじや》に登楼、八重巻という遊女を買い、四つ(午後十時頃)には藩邸にもどっている。一般の武士にとって、新吉原での遊興は、勤勉さや思想、教養などにはかかわらない日常的な行為だった。また、性病に悩む武士も少なくなかった（横山百合子「幕末維新期の社会と性売買の変容」明治維新史学会編『講座明治維新9　明治維新と女性』二〇一五）。大店《おおだな》の商家も、提携の茶屋を設けて遊廓での接待や手代たちの登楼状況を把握していた（村和明氏のご教示による）。歌舞伎の世話物の冒頭で、しばしば遊女狂いの大店の番頭を面白おかしく描く場面が見られるのも、当時の人びとにとってなじみ深い光景だったからであろう。

†遊女は江戸のファッションリーダー？

一方、近年は、遊女があでやかで巧みな着物の着方や化粧などにより江戸の女性たちの憧れをかき立てるファッションリーダーとして紹介されることもある。実際はどうだったのだろうか。

十七世紀には、女の拐《かどわ》かしを禁ずる触《ふれ》がしばしば出され、拉致や誘拐によって遊女とされることが少なくなかった。しかし、前述のとおり十八世紀以降には、親や人主《ひとぬし》（遊女の売主）が身代金を手にし、遊女が一定期間（年季）の売春を義務づけられる身売り奉公の形式が一般化した。身売りは、通常の奉公とは異なり、奉公中に死んでも親元に知らせなくてよいなど、出身の家と縁を切るのが通例であった。身代金の語からもわかるように、実態は、奉公の形式をとった人身の売買であり、いったん遊女として遊女屋や飯盛旅籠屋《めしもり》などに奉公すれば、当人の意志とはかかわりなく、遊女屋が所有する商品として扱われるようになる。新吉原だけでなく、宿場、岡場所に転売され、土地や家具調度などの動産と同様に、遊女の身体が遊女屋の借金の際の担保とされることもあった。幕府は人身売買を禁じていたが、町という身分集団に対してはその自律性を認めており、新吉原五町が遊女の身体をモノとして扱うことについて、積極的に関与することはなかったのである。

もちろん、遊廓の世界で生き抜く覚悟を決め、自らのプロモーションに努力する遊女もいれば、「新吉原稲本楼全盛揃之図」【図2】にみるように、売出しに熱心な抱え主も少なくなかった。遊女の姿を描いた摺《す》り物を配布したり、道中（見世から茶屋まで客を迎えに行ったり、俄《にわか》、八朔《はっさく》などの新吉原のイベントで遊女が盛装して歩くこと）に際して贅《ぜい》を尽くした衣装を纏《まと》うなど、今日残されている浮世絵や高級遊女の衣装は、その華やかさをしのばせる。客への手紙も頻繁に書かれ、禿《かむろ》（遊女に付き随う見習の少女）が、「花魁《おいらん》が悲しんでいるので早くきてほしい」などと書き送った手紙も残されている。

しかし、遊女が商品である以上、その生殺与奪《せいさつよだつ》の権は遊女屋が握っていた。一七九五年（寛政七）に定められた新吉原遊女町規定証文という八十カ条を超える遊廓運営の包括的な規定には、「よんどころなく遊女どもを懲しめ仕置き致し候もこれあり、もちろん身売の儀につき、仕置は致さず候ては取締これあるまじき儀」とある。仕置きすなわち折檻《せっかん》も合法だったのである。

「梅本記《うめもとき》」（東北大学附属図書館蔵狩野文庫）は、一八四九年（嘉永二）八月五日、京町一丁目の小見世梅本屋佐吉抱え遊女十六人がおこした放火事件の調書や、押収された遊女の日記などを綴じ合わせた珍しい資料である。これによると、遊女たちは、処罰を覚悟の上で、抱え主佐吉の非道を訴えるために放火し、名主方《なぬしがた》に駆け込んで自首したという。遊女の一人豊平の日記によれば、豊平が放火を決意していく背景には、次のような折檻があった。

「（抱え主の佐吉が私のことを）ふといやつだといって、直に私一人を髪部屋（支度部屋）の奥の空いた部屋に連れていって、箱に懸けてそのままはらばいにして、よくしなる棒で四十五、六ばかり殴り、それからまた縄でえり首や手のくびれる程、箱に懸けて締め上げて、暮方まで飯も喰わず、湯も茶も呑ませずに締めつけられ、既に死ぬ所を、くやしい一心で眼もまわさず」（「豊平日記写」）。このような激しい折檻を受けた遊女豊平は、放火を決意してい

【図2】「新吉原稲本楼全盛揃之図」1870年（明治3）錦朝楼（歌川）芳虎画、土橋政田屋版。国立歴史民俗博物館所蔵。新吉原角町稲本屋庄三郎抱えの有力な遊女たちを描いたもの。右端の筆頭の遊女が、後に高橋由一の油彩画「花魁」に描かれた遊女小稲。

く。

このように、暴力的な遊女管理は、遊女たちの強い反抗を招いた。梅本屋放火事件も含めて、一八〇〇年から一八六七年に幕府が倒れるまでの七十年ほどの間に、新吉原では二十三回火事が発生し、そのうち十一回は吉原全町が焼失、遊女による放火が十三回と異常な高率に上る。〝火事は江戸の華〟といわれる江戸であっても、その発生率は高い。そして、このような火災の多発も、幕末の遊女屋経営の動揺の原因となっていった。

†遊廓経営を支える金融制度

新吉原の遊女屋の経営規模は、数名

から百人以上の遊女を抱えるものまでさまざまであったが、火災後の経営再建や遊女を確保するための身代金の調達などのため、日常的な金融制度は欠くことができなかった。寺社名目金《みょうもくきん》貸付は、新吉原の遊女屋の多くが利用した金融制度である。

八代将軍徳川吉宗による相対済令《あいたいすましれい》以降、金銭貸借をめぐる紛争は当事者間で解決するものとされ、幕府は関与しないのが原則であった。ただし、有力寺社、皇族、摂関家、御三家などが堂舎建立などの名目で貸付を行う場合は、例外的に幕府が債権取立に関わる。そのため、差加金という名称で寺社名目金に資金を提供すれば、安全で取りっぱぐれのない投資が可能になった。

江戸の名目金貸付の一つに浄土真宗本山仏光寺《ぶっこうじ》が行っていた名目金貸付がある。貸付は寺院関係者だけが行っていたわけではなく、仏光寺の場合には、北信濃の幕領中野代官所管轄下の豪農たちが資金を提供し、江戸に担当者を派遣して貸付事業に加わっていた。それらの豪農の家に残された史料をみると、同寺の貸付対象には、新吉原の遊女屋が多数含まれており、仏光寺名目金貸付が、新吉原遊廓の金融に大きな役割をはたしていたことがうかがえる。

中野代官所領上高井郡井上村（現長野県須坂市）の豪農坂本家出身の坂本源之助という青年は、江戸に出て、貸付所の寺役人見習として貸付業務に携わっていたが、貸付をめぐるさまざまな情報を詳細に実家に書き送っている。一八六一年（文久元）には、仏光寺名目金貸付の収益に目をつけた当時の内大臣二条斉敬《なりゆき》が、名目金貸付の乗っ取りをはかり、仏光寺との間で大出入（大喧嘩）となったこと、翌年には、攘夷《じょうい》の嵐が吹き荒れ、戦争勃発に怯える江戸の人びとが次々に江戸を離れて疎開し、市中はパニック、新吉原の営業も不振となり遊女屋たちのほとんどが返済不能の状態に陥っていることなど、新吉原遊廓の状況も詳しく報告している。

こうして、幕末の社会では、京都の本山や公家、さらには北信濃の豪農までを含む遊廓内外の金融ネットワークを通じて、遊女の売春による収益に依存する重層的な関係が成立していた。幕府の遊廓公認・保護政策は、このような構造まで作り出していたのである。

†芸娼妓解放令の衝撃――遊女の終焉

一八六八年（慶応四）、新政府軍が江戸統治を開始した。諸大名の帰国がつづくなかで、百万人を越えていた江戸の人口は明治三年には六十八万人にまで急減、遊廓も苦境に陥った。加えて、遊廓に決定的な打撃をあたえたのが、一八七二年（明治五）十月の芸娼妓《げいしょうぎ》解放令である。解放令によって、遊女は自売する娼妓に、遊女屋は売春の場所を貸す貸座敷業者となり、旧来の役と特権にもとづく性の売買が否定され、遊女と遊女屋の法的な位置づけは大きく変わった。これまで、解放令は実質的にはさほど影響はなかったと言われることが多かったが、実態をみると、解放令直後、新吉原遊廓の遊女の九割は解放を望み、先の見通しの有無にかかわらず遊廓から脱出し、遊廓は一時壊滅状態となった。十八世紀初頭以来百七十年以上にわたって欠くことなく刊行されてきた遊廓のガイドブック「吉原細見」も、解放令から五年間余刊行できないほど遊廓は動揺したのである。

解放令発令の理由については、これまでさまざまな説が唱えられてきた。しかし、理由は必ずしも一つではなく、国内的理由と国際社会の影響とがあいまって出されたとみるべきであろう。

まず、国内的な事情をみてみよう。一八七二年までの間に、賤民《せんみん》廃止令をはじめ、役と特権にもとづく身分的な統治は廃止されており、五町の遊女屋だけが性秩序維持のための諸役を負い、売春営業を独占するという近世的な制度が維持できないことは明らかであった。このような状況下で、一八七二年六月、司法省は、娼婦の売買を厳しく禁じ、売春は娼婦自身の意志によるという原則に基づく法案を正院に提出している。遊女たちの放火や急激な人口減のなかで遊女屋の経営も悪化しており、人身売買と遊廓の改変は、重要な政策課題となっていたのである。同時に、この法案が施行されれば、遊女屋による売春営業の独占も、役と特権という身分的な支配に基づく都市全体の性売買の管理も否定されることとなる。

一方、国際情勢も日本の買売春のあり方に大きな影響を与えた。一八七二年六月四日、横浜港で起きたペルー船マリア・ルス号から中国人苦力《クーリー》が逃亡するという事件が起こり、その返還をめぐる裁判を日本が行うこととなった（マリア・ルス号事件）。古くは、この裁判の法廷で、苦力の返還を求めるペルー側弁護士ディキンズ（イギリス人）が日本における遊女の人身売買の実情を暴露し、日本に人身売買を裁く資格はないと主張したため、あわてた日本政府が芸娼妓解放令を出したとされてきた。

しかし、近年、司法省案だけでなく、実際には、ディキンズの弁論以前から解放令への動きが始まっていたことがわかってきた。当時イギリスでは、伝染病法という性病対策の法が施行されていた。この法は、買う男性を放置し女性のみを取り締まるあからさまなダブルスタンダードに立つ女性差別法だったため、伝染病法は娼婦を含む女性全体への人権侵害であるとするジョセフィン・バトラーらの批判が、イギリス議会を二分する動きを生み出していた。南北戦争に象徴される奴隷解放への国際的な意識の高まりもあり、女性の人権を含む人権擁護の声が世界各地で政治を動かしつつあったのである。苦力が奴隷的であるかどうかを争うマリア・ルス号事件の裁判で日本を支援していたイギリスは、ディキンズの弁論以前に、日本の遊女の人身売買と奴隷的処遇について外務省高官に尋ねている。

大蔵省・外務省は、このやりとりを通じて当時の国際状況を理解するやいなや、売春は必要だが、〝身売りによる売春〟の否定は不可欠だと判断し、井上馨《かおる》大蔵卿を中心に芸娼妓解放令の実現に躍起となった。もちろん維新の元勲の多くは遊所《ゆうしょ》で知り合った女性と結婚しており、買売春自体をなくすことなど、考えもしなかったであろう。しかし、形式的には遊女の解放へと足を踏み出したのである。

その後、裁判のなかでディキンズが遊女の人身売買を指摘したため、解放令策定の動きはさらに加速し、一八七二年十月二日に、遊女らの即時解放を謳う太政官布《だじょうかんふ》告《こく》第二九五が、その一週間後の九日には、身代金返済も不要とする無償解放を定めた司法省達第二二が発令された。今日では、両者を合わせて芸娼妓解放令と呼ぶ。

解放令により、遊女は自ら性を売る娼妓に、遊女屋は場所を貸す貸座敷業者となった。近代以降も、娼婦たちのほとんどは、貧困等に陥った家のための事実上の身売りであり、前借金と呼び名をかえた借金は、身代金と同様に娼妓を拘束した。しかし、自売という論理は、近世社会に存在した遊女への同情や共感を弱め、自ら売春する淫乱な女という蔑視のまなざしが強まっていく。こうして、隠売女《かくしばいじょ》という言葉が、隠売女《いんばいおんな》――隠れて売る女、淫売する女という意味を帯びていく一方、買う男性の存在は不可視化され、近代公娼制を支える新たな売春観が生み出されていった。

さらに詳しく知るための参考文献

宇佐美ミサ子『宿場と飯盛女』（同成社、二〇〇〇）……幕府が黙認した宿駅の飯盛旅籠屋でも、遊廓や岡場所とならんで盛んに性売買が行われた。随筆などを用いた遊廓研究と一線を画し、飯盛女の生活実態や宿駅の財政に占める収益などを在方の史料などによって解明しようとした著作である。

曽根ひろみ『娼婦と近世社会』（吉川弘文館、二〇〇三）……買売春が広汎に広がった近世社会を「売春社会」と位置づけ、遊女、芸者、熊野比丘尼《びくに》、隠売女、飯盛女、夜鷹など「性」を商品化された女性たちの生活や、心、病、性愛のあり方に迫る。近世の売買春の多様な実態を明らかにしつつ、現代的視点から、歴史上の売買春を捉え直そうとするものである。

佐賀朝・吉田伸之編『シリーズ遊廓社会』1、2（吉川弘文館、二〇一三）……三都や長崎、宿駅や河岸、近代の軍都や朝鮮植民地遊廓など、近世から近代を中心に展開したさまざまな性売買の構造を「遊廓社会」の視点から捉え、社会＝空間構造に注目しつつ分析した包括的・実証的論文集。公認遊廓や私娼のほか、男色《だんしょく》など同性間の性売買、近世・近代移行期についても踏み込んだ分析がなされている。

明治維新史学会編『講座明治維新9　明治維新と女性』（有志舎、二〇一五）……明治維新をジェンダーの視点から捉える論文集。維新期の女性の政治参加、リテラシーとジェンダーなどの論文とともに、横山百合子「幕末維新期の社会と性売買の変容」、人見佐知子「セクシャリティの変容と明治維新」が幕末維新期の性売買について論じている。十八世紀末から芸娼妓解放令制定後までの歴史的展開が把握できる。

池享・櫻井良樹・陣内秀信・西木浩一・吉田伸之編『みる・よむ・あるく東京の歴史5』地帯編2（中央区・台東区・墨田区・江東区）（吉川弘文館、二〇一八）……東京の歴史を、通史的に描く通史編三冊と、地域ごとの歴史を明らかにする地帯編七冊からなる全十巻のシリーズの一冊。地帯編2「台東区」の章では、浮世絵とは異なる写実性を帯びた絵画資料と文献史料の組合せによって、遊廓の社会構造が具体的に明らかにされている。

第14講

女人禁制を超えて――不二道の女性

宮崎ふみ子

†女人禁制

女人禁制とは、宗教的な聖域への女性の立ち入りを禁じたり、特定の宗教行事への女性の参加を制限したりする慣行である。近世には広範に見られたが、今日でも若干残っている。聖域への立ち入りや宗教行事への参加には、男性でも期間が限定されたり潔斎などが課されたりするが、定められた条件を満たせば可能になる。これに対して、女性は無条件に排除される。その点で、女人禁制は宗教的な場での男女の差を明確に示している。

†近世の女人禁制

女人禁制の起源は不詳だが、山岳信仰の場や仏寺から女性を排除する慣行が史料に現れ

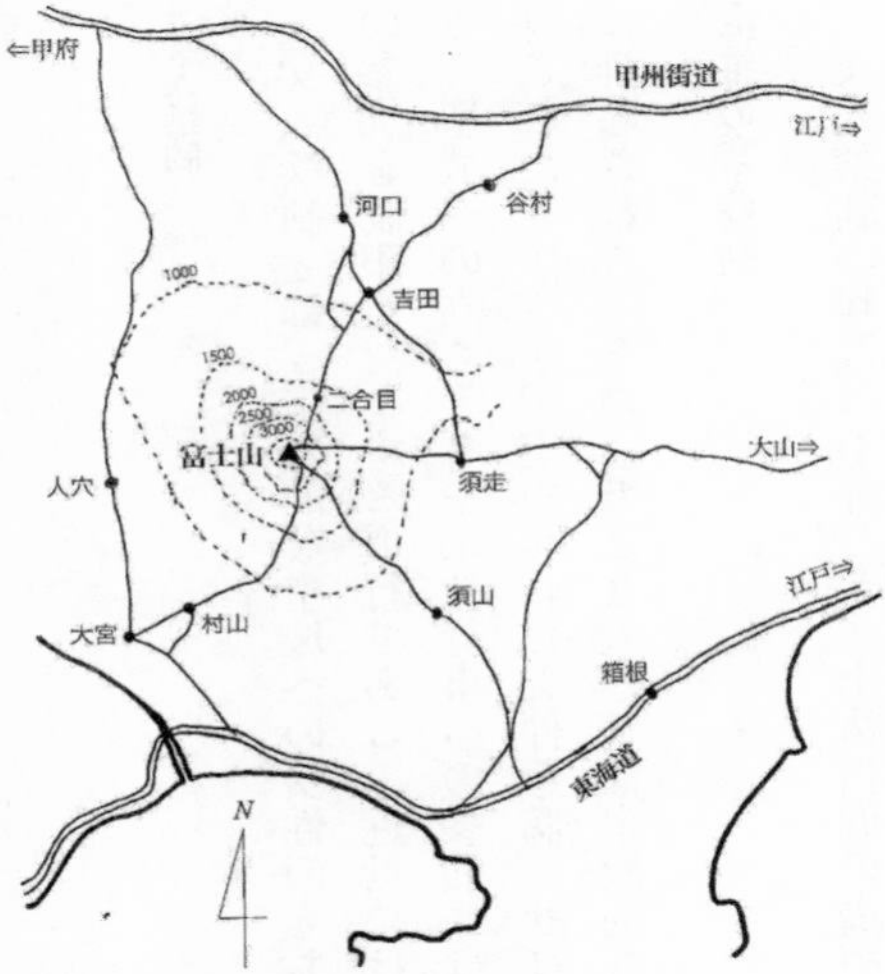

富士山周辺略図

るのは、平安時代中期以後である。この時期の文書には、都から比較的近い比叡山や金峯山《きんぷせん》などが女人禁制の聖地としてしばしば記された。時代を追って女人禁制は広まり、中世には加賀の白山《はくさん》や越中の立山《たてやま》の女人禁制が有名になった。近世には現在の北海道にも女人禁制の場所が現れた。有名な聖地だけでなく、村の神社の山が女人禁制とされることも少なくなかった。

　女人禁制には、山地と平地の境界をめぐる民俗信仰、異性間の接触を禁ずる宗教的戒律、女性は男性に劣るという仏教の教え、月経や出産など女性特有の生理を不浄とする観念など複数の側面がある（鈴木正崇『女人禁制』）。このうち女性の不浄という観念は、中世以降女人禁制の主な理由とされた。前近代の人々にとって出産や月経は神秘であり、当然禁忌を伴ったが、それは本来出産や月経にかかわる期間に限定されるものだった。ところが女性は本質的に男性に劣るという仏説と結びついて、女性は恒常的に不浄とされることになった（平雅行『中世の社会と仏教』塙書房、一九九二）。特に重要な役割を果たしたのは、中世に伝来した『血盆経《けつぼんきょう》』である。ここには、女性は生理的出血で神仏に不浄を及ぼし、その罪で死後は血の池に堕ちると書かれていた。この論法では、女性は生前も死後も不浄を拡散させた罪に問われることになる。

女性の不浄や罪の観念も中央から地方へ、社会の上層から庶民へと広まった。祇園祭が女人禁制になり、酒の醸造や麴《こうじ》作りから女性が排除されたのは近世中期なので、脇田晴子は女性を不浄とする観念が社会全般に広まったのはその頃だろうと推測する（脇田「女人禁制と触穢《しょくえ》思想——ジェンダーと身体的性差」『女性史学』十五号、二〇〇五）。『血盆経』が普及したのも近世で、仏教諸宗派の寺院が木版刷りの血盆経やその中の陀羅尼《だらに》を抜粋した護符を頒布した（牧野和夫・高達《こうだて》奈緒美「血盆経の受容と展開」、岡野治子編『女と男の時空Ⅲ』藤原書店、一九九六）。

その一方、戦国時代から近世にかけて女人禁制の形骸化の徴候が現れた。早い例としては、一五一六年（永正十三）の東大寺大仏殿の女人禁制緩和がある。東大寺は焼失した講堂の本尊を再造像する必要があり、女性たちに大仏殿参拝を許可し、再造像に協力すれば女性特有の罪業から救われると寄付を呼びかけた。ここには、女人禁制は絶対的な禁忌ではなく、適切な理由があれば聖地の管理者の権限で緩和や改変ができるという考え方が見られる。この考え方は聖地を管理する多くの宗教者に共有された。つまり近世は女人禁制や女性不浄観が社会全体に広まるいっぽうで、女人禁制の形骸化が始まった時代だったと言えるだろう。富士山にはその矛盾が先鋭な形で現れ、女性参詣者が多く訪れた北麓《ほくろく》の吉田口登山道はその主な舞台となった。

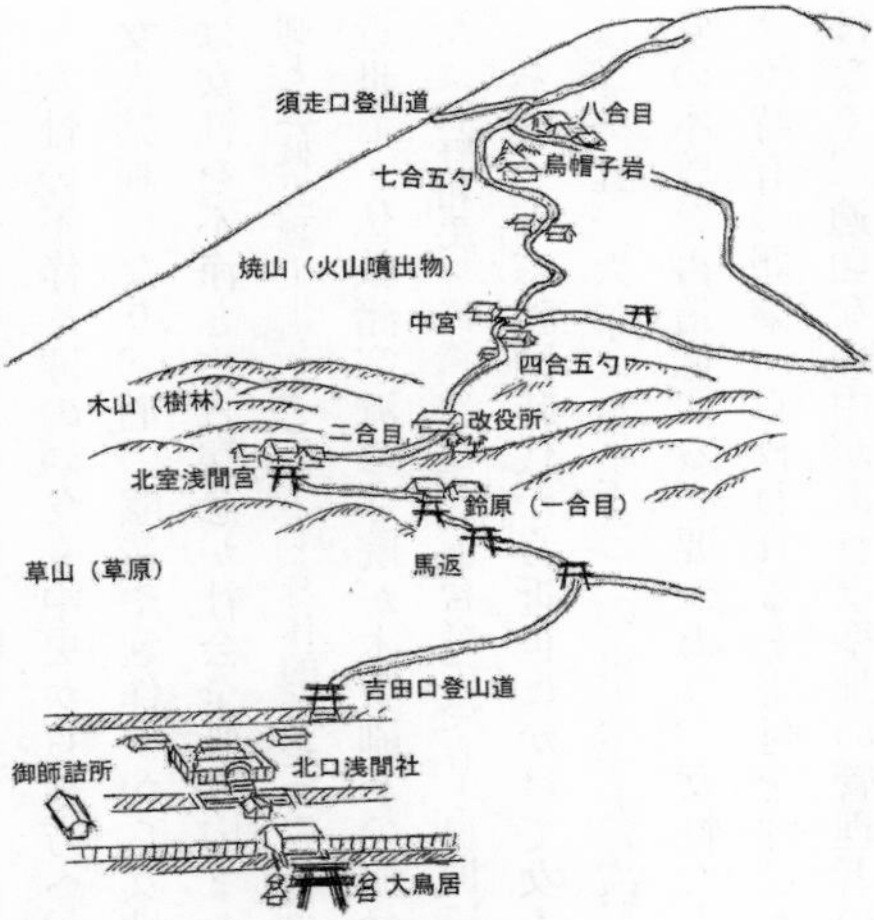

近世の富士山吉田口登山道略図

†近世富士信仰の展開と富士講

富士山は古くから信仰の対象だった。活火山であり水源の山でもある富士山を、周辺住民は畏《おそ》れ敬った。貞観《じょうがん》の大噴火に驚いた平安時代の朝廷は、南麓と北麓の神社に富士の神を鎮める役割を課した。山岳仏教や修験道の行者《ぎょうじゃ》は山中や洞窟を神仏の世界と見なし、修行の場とした。中世後半には登山口を拠点とする修験や御師《おし》などの職業的宗教者が、遠方まで富士信仰を広めた。彼らは信者を獲得して檀那《だんな》とし、檀那が住む町村を巡回して祈禱や護符配りを行い、檀那が富士参詣に来れば世話をして寄進を受けた。また、それぞれの檀那を地域ごとにまとめて「講」などの信者組織を作らせた。

都から遠い富士山では女人禁制の成立が遅かった。女性の排除に関する文言が吉田口の史料に現れるのは、戦国時代末から近世初期にかけてである。当時吉田口の御師は「この山に女人参らざる也」と書いているので、女性の登山が問題になることもなかったはずだが、おそらく神社の服忌令《ぶつきりよう》や他の山岳信仰の場などの例にならって、富士山も女人禁制とされたのだろう。吉田口では、月経による女性の不浄と、修行中の男性を女性から隔離する必要が女人禁制の理由とされた（『富士吉田市史　史料編』第五巻、二百二十一番文書、富士吉田市、一九九七、以下『富士吉田市史』と略す）。

修験や御師が指導する富士参詣とは別に、近世には俗人の修行者が独自の教義をもつ富士信仰集団を作った。開祖とされる角行《かくぎよう》（生年不詳～一六四六）は仙元《せんげん》大菩薩という富士の神を崇拝し、除災招福の呪文を授かったという。その系譜に連なる江戸の俗人行者の食《じき》行身禄《ぎようみろく》（一六七一～一七三三、俗名伊藤伊兵衛）は、仙元大菩薩から「みろくの世」という理想的な世について啓示を受けたと信じた。その要点は、すでにこの神が世直りの準備を整えているので、すべての人間が正直・慈悲・倹約・謙遜などの徳目を実践すればみろくの世が実現するということだった。食行は当時の人々が道徳に適った生き方をしないことに失望し、後世の人々に期待をかけ、神の啓示を書き残し、富士山七合五勺の烏帽子《えぼし》岩の傍らで断食を続け死亡した。

食行は死後に人々の注目を集めた。彼の教えは娘たちや数名の弟子たちが受け継いだが、その周囲に新たな信者が集まった。信者たちは師弟関係や地縁などに基づく小集団を作った。これが富士講であるが、ほかの富士講と区別するため、富士講身禄派などと呼ばれる。講員の多くは農民や町人で、定期的に集まって礼拝などを行い、資金を出し合い代表を選んで富士参詣に送り出した。講のリーダーが加持祈禱を行うこともあり、それが人気を集めて繁栄した講もあった。幕府からたびたび取締りを受けたが、江戸と関東を中心に十八世紀後半以降盛んになった（岩科小一郎『富士講の歴史』）。

†富士講・不二道の女性観

山岳宗教の多くに女性を忌避する傾向があるが、富士講身禄派やそこから分かれた不二《ふじ》道《どう》は例外だった。それは食行の教えに由来する。食行は、身分や性別は本質的な価値とは無関係で、道徳的な生き方をする人間が尊いとした。女性は罪深いという仏説に対しては、人間の善悪は性別でなく行為によって決まると反論し、女性不浄観に対しては、人間を生み出すことは尊く生理的出血は清浄だと主張した。食行は女人禁制に反対したが、彼の生前には女性の富士登山を求める運動は起きなかった。ただし富士講の信者の中には、富士山を模した築山《つきやま》（富士塚）を作って女性に開放する者が少なくなかった。

江戸近郊鳩ヶ谷宿の商人、禄行三志《ろくぎょうさんし》（一七六五〜一八四一、俗名小谷庄兵衛《こたにしょうべえ》）は食行の女性観を発展させた。彼は食行の正統を継ぐという参行六王《さんぎょうろくおう》から、食行の教義書や参行の解釈書を受け継いだ。参行は陰陽五行《いんようごぎょう》説を用いて食行の理想の世についての教えを解釈していた。陽は上昇・拡張・展開・活発化などを、陰は下降・収束・結実・沈静化などをもたらす契機とされる。参行は、陰陽の平衡によって季節や天候は順調にめぐり、作物は実り、世界は安定し、陽の気を持つ男性と陰の気を持つ女性との調和によって良い子が生まれると説き、逆に陰陽や男女の均衡が失われれば、世界も人間も危機を迎えると警告した。

三志と弟子たちは食行と参行の教えを発展させた。その教義には二つの特色があった。一つは食行の日常道徳の強調を受け継ぎ、家業出精・孝行・相互扶助の実践を人々に勧めた点である。近世後期は一般庶民も「家」の形成が可能になった時期なので、こうした徳目の実践は「家」の維持に役立つと歓迎された。また地域社会の安定にも効果があるので、村落上層部にも歓迎された。

もう一つは、男女のあり方の変革である。三志らは当時の状況を、陽・男性が優勢になり陰・女性が劣勢になったまま硬直しているとみて、これを改めようとした。そこで「女を上に、男を下に」、「女を先に」という標語を掲げた。実生活でも夫婦が共同で家業に励むように勧め、妻が「旦那」の役割を果たすのも良いとした。また妻が夫婦の性生活を主導するように勧め、夫には育児への積極的関与を勧めた。こうした男女の役割分担の見直しは当時の社会的通念とは異なっていたが、庶民の間では女性の家業参加や男性の育児は珍しくなく、妻が性生活を主導することも子孫相続の良法ということで歓迎された。

†不二道の女性たち

三志らは他の富士講身禄派との差異を強調して、自分たちの集団を「不二孝《ふじこう》」と呼び、一八三八年（天保九）以後は「不二道」と称した。三志や弟子たちは、地元はもとより、伊勢国の食行の故郷・京坂地方・長崎を訪れる道々で上記のような教えを説いた。それを聞いて入信した者も各自の地元や取引で訪れる地域などに教えを伝え、信者から信者へのリレーによって不二道は広まった。不二道は一八六〇年代には関東・東海・信州・近畿・長崎などに万単位の信者を擁し、近世後期の非公認の宗教団体としては最大規模に達した。一八六三年（文久三）に不二道が実施した奉仕活動には九千六百十件の参加があったが、この数は参加した信者の世帯数に近いと思われる。

不二道には聖職者も上下の階層もなく、メンバーは同気《どうき》と呼び合った。同気は居住地域ごとに小集団を作り、月四回集まって礼拝したり奉仕活動を行ったりした。小集団が結びついて地方的ネットワークができ、それが繋がって全国的ネットワークとなった。遠方の同気との主な通信手段は手紙で、重要な内容の手紙は筆写して回覧し、ネットワーク内で情報を共有した。このような組織を運営するには、礼拝集会の世話や、地域間の連絡や、奉仕活動の企画運営をする幹事役が数多く必要だった。それは「世話人」と呼ばれた。熱心な信者の中で、実務能力、時間的余裕、活動費を自弁できる程度の経済的余裕を持つ者がこれを勤めた。

社会奉仕活動や集団登山などの記録をサンプルとして調査すると、不二道信者の中の女性の割合は三〇から四十数パーセントと推定される。不二道の活動には基本的に男女差や身分差はなかった。さまざまな社会的地位や年齢の同気が「千代さん」「庄七さん」など名前で呼び合い、宗教行事も奉仕活動も一緒に行った。独特の信者名や行者名も使われたが、そこにも身分や男女の区別がなかった。相互扶助の教えに従い、信者たちは道路補修や堤防工事などを企画し、ネットワークを通じて有志を募って実施したが、そうした工事の記録にも明瞭な性別役割分担は見られない。能力や体力に応じて、工事現場に出る女性も、食事や風呂を準備する男性もいた。地域社会で布教活動を行った女性も少なくない。ただ、世話人を勤める女性は少数だった。女性に限らないが、社会的な場での経験が乏しく、自由に使える金銭が少ない者にとって、この役目は難しかったのだろう。

†女人禁制への挑戦

女人禁制に対する批判は、日本史の中で意外なほど少ない。管見の範囲では、食行以前に批判したのは道元だけである。女性の参詣旅行が増える近世後期には、女人禁制で参詣できなかったという記事が旅日記によく出てくるが、それでも女人禁制に対する批判はほとんど見られない。その中にあって、信念に基づいて女人禁制を批判し、これに挑戦した不二道の女性たちの活動は特筆に値する。

近世には村の神社の山でも女人禁制という所が少なくなかった。不二道信者たちはまずこうした身近な規制の廃止に取り組んだ。不二道のネットワークで回覧された手紙によれば、信者たちは男女混成の集団で女人禁制の山の神社に参詣し、女性が登っても異変が起こらないことを見た村民たちは、女人禁制をやめたという。

不二道の究極の目標は女性の富士登山だった。ところが皮肉なことに、登山を望む女性が増えるに従って、富士山の女人禁制は厳しくなった。富士講身禄派と不二道の信者が主に利用した富士山北麓吉田口からの登山道を例に取って見てみよう。一七四〇年（元文五）は富士信仰で縁起が良いとされる庚申年《こうしんねん》だったが、そのときに御師たちが参詣を勧誘した文書には、麓《ふもと》の浅間神社の前の大鳥居までは男女ともに参詣できると記されている（竹谷靫負《ゆげい》『富士山と女人禁制』）。このように女性たちが大鳥居からの遥拝を希望していた時代には、女性の登山規制を具体的に定める必要はなかっただろう。ところが十八世紀後半になると、登山道の二合目（標高一七一〇メートル付近）より上が女人禁制とされた。富士講身禄派が盛んになり、女性参詣者が増えた結果と思われる。それでも女性を制止する手段は「女人禁制」の立て札だけだった。

女性の富士登山に強く反対したのは山麓の農山村だった。ここでは女性の登山が長雨など気象の異変を招き、飢饉と窮乏の原因になると信じられていたからである。富士山北麓や東麓では、登山口の御師たちが女性登山を望む参詣者と反対する村落との間に立たされた。御師は歴代の支配者から参詣者相手の営業を行う権利を認められ、その代わりに登山道や山中の施設を管理し、そこで秩序を維持する責任を負っていた。女人禁制の維持も業務の一環と考えられた。しかし御師たちは女人禁制の緩和を求める顧客も無視できなかった。そこで彼らは、六十年に一度めぐる富士山縁年《えんねん》の庚申年に限って女人禁制を緩和するという策を採った。最初の試みは一八〇〇年（寛政十二）で、このとき御師たちは「庚申縁年の伝統」というふれこみで女性も四合五勺（二一五〇メートル）まで登山できると宣伝した。適切な理由があれば聖地の管理者の権限で女人禁制を緩和できるという考え方が、ここに現れている。しかし地元の村落が連合して反対したので、御師たちはやむを得ず、少なくとも表向きは女人禁制緩和を取り下げた（『富士吉田市史』百二十一番文書）。

不二道が盛んになると、女人禁制をめぐる緊張が高まった。一八三二年（天保三）秋には不二道の女性信者「たつ」が三志ら男性数名と共に登頂を決行した。他の登山者との摩擦を避け、季節はずれの旧暦九月二十六日から二十七日（新暦十月十九日から二十日）にかけて登ったので、山頂付近は雪が深く風も寒気も強かったが、彼女の強い意志、三志らの適切な判断、幸運によって登頂は成功した。不二道信者は神が女性登山を認めた証拠として歓迎し、その後もしばしば女人禁制区域内に立ち入り男女合同の礼拝を行った（三志「元朝の事」、『鳩ケ谷市の古文書』第十四集、一九八八）。

その反動は大きかった。前述の「たつ」の登頂だけでなく、その前年にも、富士山頂の宝経《ほうきょう》塔設立の供養の際に、法華《ほっけ》宗の女性信者たちが須走《すばしり》口登山道を六合目まで登る事件が起きていた（青柳周一『富嶽《ふがく》旅百景——観光地域史の試み』）。一八三三年（天保四）から凶作が続いて天保の大飢饉が起こると、この地域の住民はこうした女性の禁忌侵犯と凶作・飢饉とを関係づけた。山麓の村落は集団で、御師と代官所に対して女人禁制の厳守を要求した（『浅間文書纂』第七—四十五番文書、名著刊行会、一九七二）。甲州大一揆の後、村落支配に苦労していた代官所は、この要求に応じた。代官所は女性を含む登山の一行が境界を侵犯したのを摘発し、これを黙認した御師や強力《ごうりき》等を処罰し、吉田口の御師たちに登山道二合目に検問所を設置するよう命じた（『富士吉田市史』百二十四番文書）これにより一八四〇年（天保十二）以後、女性はここで止められた。このように女性の動きが活発化するにつれて、富士山の女人禁制は厳しくなったのである。

†女性富士登山解禁

一八五〇年代に富士山北麓では女性登山の取り締まりがさらに強化され、参詣者の不満が高まった。吉田口の御師たちは一八六〇年（万延元）の庚申縁年に女人禁制を大幅に緩和することを計画し、江戸の寺社奉行に「庚申年には男女の区別なく登山させる伝統がある」と訴え出て、その趣旨の高札を各地に立てる許可を得た（『富士吉田市史』百十三番文書）。その結果、この年に限り吉田口の登山道は御師の管理権が及ぶ八合目（標高三三〇〇メートル付近）まで女性に開放されることになった。

不二道信者たちはこれを理想の世の前兆と解釈して歓迎し、仙元大菩薩が世直りの契機を作ったという六月十五日の卯《う》の刻《こく》に、八合目で男女合同の礼拝を行う計画を立てた。関東・信州・東海・長崎から続々と吉田口に集合した信者たちは、男女混成の大集団となって登山した。八合目で数えたときの参加者は千三十四名だったという。このときの記録では性別がわかる参加者七百四十九名のうち、男性は三百七十一名、女性は三百七十八名でほぼ同数だった（「卯の刻禅定同気惣人別控」川口市教育委員会蔵小谷家文書）。参加した女性の年齢は、わかる範囲で五歳から六十二歳にわたっていた。女性にとって旅行が困難な時代に、老いも若きも未経験の富士登山を志し、男性とほぼ同数の女性が集まったことは、彼女たちの意気込みを示している。

女性信者はこの企画で大切な役割を担った。千名もの集団が登山するときは、全体の統制が重要な課題となるが、不二道では旗を持って集団を統率する役割を女性たちに任せた。記録によれば、先頭部分で四名、中間部分で五名、しんがりで四名の女性が、それぞれ異なる色の旗を持ってこの任務にあたった。このときには女性の世話人の活躍も見られた。たとえば信州からは、六十二歳の女性の世話人が四十数名の男女を引き連れて参加した。この集団登山の運営担当者は女性たちの快挙を「六月十五日卯の刻禅定一筋と進む女子《おなご》の勇ましさ」と讃えた（「庚申女人登山子もり歌」、岡田博編『富士講・不二道孝心講詠歌教訓歌謡集』小谷三志翁顕彰会、一九九三）。

この年の登山期には、不二道や富士講身禄派に限らず、女性参詣者やその男性同伴者が、吉田口がある北麓の登山道に集中した。それを見て、他の登山口の職業的宗教者も女性登山の解禁が参詣者誘致の切り札であることを認識し、次々に女性に門戸を開いた。頂上の管理権を持つ南麓の大宮の浅間大社も七月五日（新暦八月二十一日）以降は女人禁制を停止した。女性が公然と登頂できるという情報は各地に伝わり、登山に適した季節が過ぎようとしていたにもかかわらず、女性たちは続々と富士山に登った。

近世は女人禁制の形骸化が始まった時代だったが、形骸化したとはいえ社会的通念に支えられた慣行を変えるのは容易ではなく、参詣場所のほとんどでは近代まで女人禁制が続いた。例外的に、富士山で近代以前に女性の登山が実現したのは、宗教的信念に基づいて禁忌に挑んだ不二道の女性たち、その挑戦を支援した男性信者たち、彼らの要求に敏感に対応した職業的宗教者たちがいたからだった。

†明治維新後のうごき

新政府は一八七二年（明治五）三月二十七日、女性も寺社や山岳信仰の場へ随意に参詣できると布告した。文明開化を掲げる明治政府が、女人禁制を不合理な旧習と考えて廃止を命じたように見えるが、実はそうではない。第一回京都博覧会を訪れる外国人の男女観光客を滋賀県側に誘致するため、滋賀県令が比叡山の女人禁制の廃止を求め、大蔵省・教部省が賛成した結果この布告が出たのである（鷲尾順敬《じゅんきょう》・神亀法寿《じんきほうじゅ》「女人結界の廃止顛末」、『現代仏教』十周年記念特集号、一九三三）。この布告には強制力がなかった。それでも多くの寺社や山々は女性を受け入れるようになり、女人禁制は速やかに過去のものとなった。おそらくそのような場所では女人禁制の形骸化がかなり進んでいたので、明治政府の布告がこの慣行を廃止する適切な理由として作用したのだろう。しかし女人禁制はなくなっても、その裏付けとなった男性優位の価値観は容易に解消しなかった。それは次の時代に女性と男性が取り組む課題となる。

さらに詳しく知るための参考文献

井野辺《いのべ》茂雄『富士の歴史』『富士の信仰』（官幣大社浅間神社社務所、一九二八、名著出版、一九七三復刊）……古代から近代までの富士信仰を、今日入手困難なものも含めて豊富な史料を引用し、計九五〇ページ以上にわたり網羅的に記述する。

岩科小一郎『富士講の歴史』（名著出版、一九八三）……戦国時代末から現代に至るまで、角行やその弟子たちの系譜の富士講の歴史と民俗の総合的な調査に基づく解説書。食行身禄の基本的な教義書や文書を翻刻・収録する。

鈴木正崇『女人禁制』（吉川弘文館、二〇〇二）……女人禁制についての宗教学的アプローチ。その歴史的形成過程を仏教教義や伝承の中に探ると共に、現代の事例調査から女人禁制に維持・変容をもたらす多様な契機を明らかにする。

青柳周一『富嶽旅百景――観光地域史の試み』（角川書店、二〇〇二）……近世後期の富士参詣の展開が、山麓地域にもたらした影響を多角的に取り上げ、女性参詣者の受け入れをめぐって地域社会に発生した軋轢とその解消の試みに光を当てる。

高埜利彦監修、甲州史料調査会編『富士山御師の歴史的研究』（山川出版社、二〇〇九）……高埜利彦氏の監修のもとに、富士信仰の職業的宗教者である御師に焦点を合わせ、富士山御師の営業、神道や陰陽道の本家・本所との関わり、御師町や御師住宅など、多角的に考察する十二編の論考を収録する。

竹谷靭負『富士山と女人禁制』（岩田書院、二〇一一）……戦国時代から近代までの女人禁制と女性登山に関する歴史をほぼ時代を追って丹念に記述する。著者は吉田口御師の竹谷家の出身で、それだけに現地の史料が多く活用されている。

おわりに

高埜利彦

歴史学（日本近世史）の研究は、史料を博捜し、誤りなく解読し、解釈をして歴史像を描くことの積み重ねである。研究論文や学術書として刊行され、学界に集う歴史研究者に成果が共有されるようになる。やがて歴史像が定着すると、次に歴史教科書が書き換えられ、次世代の歴史認識として共有される。あるいはその他の媒体を通して、たとえば本書のような新書の出版や、テレビ番組で放映されたり、脚本家や小説家を介して、ドラマ化やコミックとして、新しい歴史像が伝えられたりすることになる。こうして実証的な歴史研究の成果が段階を経て社会に広く伝えられていくのだ。

したがって、史料が失われてしまうと、歴史学は成り立たなくなるか、限られた条件での歴史像しか描けなくなる。津波・洪水などの災害にあったあと、被災史料を多くのボランティア活動によって救出するのはそのためである。また、未来の歴史研究のために、現在発生する記録史料はアーカイブズとして後世に残すことが重要となる。かつて一九四五年（昭和二十）八月に敗戦が決まるや、政府や陸軍などが機密文書の廃棄を命じて責任回避の証拠隠滅を図ったのだが、それに類似の公文書廃棄や改竄が現在の政府によって行われていることは、まことに深刻な問題であると言わざるを得ない。

日本近世史の研究分野は多岐にわたる。明治期に近代歴史学を伝えたドイツ人リース以来、史料に基づく実証的歴史学の取組みによって、日本近世史では政治史や経済史・社会史・百姓一揆研究などが蓄積され、一九七〇年代からの研究によって、対外関係史は鎖国論に代わり「四つの口」論で説明されるようになり、都市史や身分制論、朝幕関係史、宗教社会史なども近年成果が蓄積されて、本書の通史叙述にも影響をあたえている。

そして女性史である。およそ四十年間の、本書執筆者を含めた近世女性史研究者の取組みによって、ここまできたのである。本書のように、通史叙述と組み合わせ、「女性の力」を副題にして、新書版の形で社会に情報発信できるところまで、研究成果が蓄積したのである。もちろん、女性史研究が完成したという段階にはなく、いまだ発展途上にあるのであろう。本書のような試みを契機にして、老若男女が関心を抱き、出発点となる実証的な女性史研究がさらに取り組まれることを願っている。

編・執筆者紹介

高埜利彦（たかの・としひこ）【編者／はじめに・第6講・第10講・おわりに】
一九四七年生まれ。学習院大学名誉教授。東京大学文学部卒業。専門は日本近世史。著書『近世日本の国家権力と宗教』（東京大学出版会）、『近世の朝廷と宗教』（吉川弘文館）、『天下泰平の時代（シリーズ日本近世史3）』（岩波新書）、『江戸時代の神社（日本史リブレット）』（山川出版社）など。

＊

牧原成征（まきはら・しげゆき）【第1講】
一九七二年生まれ。東京大学大学院人文社会系研究科准教授。東京大学大学院人文社会系研究科博士課程単位取得退学。専門は日本近世史。著書『近世の土地制度と在地社会』（東京大学出版会）、『近世の権力と商人』（編著、山川出版社）、『十七世紀日本の秩序形成』（共編著、吉川弘文館）など。

福田千鶴（ふくだ・ちづる）【第2講】
一九六一年生まれ。九州大学基幹教育院教授。九州大学大学院人文科学研究科博士課程中退。博士（文学）。専門は日本近世史。著書『幕藩制的秩序と御家騒動』（校倉書房）、『淀殿』（ミネルヴァ書房）、『豊臣秀頼』（吉川弘文館）など。『近世武家社会の奥向構造』（吉川弘文館）にて第十七回徳川賞を受賞。

久保貴子（くぼ・たかこ）【第3講】
一九六〇年生まれ。早稲田大学大学院文学研究科博士後期課程満期退学。博士（文学）。専門は日本近世史。著書『近世の朝廷運営』（岩田書院）、『徳川和子（人物叢書）』（吉川弘文館）、『後水尾天皇（ミネルヴァ日本評伝選）』（ミネルヴァ書房）。

松井洋子（まつい・ようこ）【第4講・コラム1】
一九五七年生まれ。東京大学史料編纂所教授。東京大学大学院人文科学研究科博士課程単位取得退学。専門は日本近世史。論文「長崎出島と唐人屋敷」（『日本の時代史14　江戸幕府と東アジア』吉川弘文館）、「ジェンダーからみる近世日本の対外関係」（『日本の対外関係6　近世的世界の成熟』吉川弘文館）など。

吉田ゆり子（よしだ・ゆりこ）【第5講・コラム2】
一九五八年生まれ。東京外国語大学教授。お茶の水女子大学大学院人間文化研究科博士課程単位取得退学。博士（文学）。専門は日本近世史。著書『近世の家と女性』（山川出版社）、『兵農分離と地域社会』（校倉書房）、『兵と農の分離』（山川出版社）など。

柳谷慶子（やなぎや・けいこ）【第7講】
一九五五年生まれ。東北学院大学文学部教授。お茶の水女子大学大学院人文科学研究科修士課程修了。専門は日本近世史。著書『近世の女性相続と介護』（吉川弘文館）、『江戸時代の老いと看取り（日本史リブレット）』（山川出版社）、『〈江戸〉の人と身分4　身分のなかの女性』（共編著、吉川弘文館）など。

西田かほる（にしだ・かおる）【第8講】
一九六四年生まれ。静岡文化芸術大学教授。学習院大学人文科学研究科博士後期課程単位取得退学。専門は日本近世史。著書『近世甲斐国社家組織の研究』（山川出版社）。

岩﨑奈緒子（いわさき・なおこ）【第9講】
一九六一年生まれ。京都大学総合博物館教授。京都大学文学部卒業。専門は日本近世史。著書『日本近世のアイヌ社会』（校倉書房）、『日本の歴史25　日本はどこへ行くのか』（共著、講談社学術文庫）、論文「世界認識の転換」（『岩波講座日本歴史』第13巻）など。

小野 将（おの・しょう）【第11講】
一九六九年生まれ。東京大学史料編纂所准教授。東京大学大学院人文科学研究科博士課程中退。専門は日本近世史。論文「日本近世の政治文化」（歴史学研究会編『国家像・社会像の変貌』青木書店）、「新自由主義の時代と歴史学の課題Ⅱ」（歴史学研究会編『現代歴史学の成果と課題1　新自由主義時代の歴史学』績文堂出版）など。

髙部淑子（たかべ・としこ）【第12講】
一九六三年生まれ。日本福祉大学知多半島総合研究所教授。早稲田大学大学院文学研究科博士課程中退。専門は日本近世史。論文「幕末・明治初年における常滑焼の流通」（『知多半島の歴史と現在』一六）、「知多半島の醸造業と廻船」（『知多半島の歴史と現在』二二）、「近世後期の庶民生活と物流」（『歴史と地理』六一〇）。

横山百合子（よこやま・ゆりこ）【第13講】
一九五六年生まれ。国立歴史民俗博物館教授。東京大学大学院人文社会系研究科博士課程単位取得退学。専門は日本近世史。著書『明治維新と近世身分制の解体』（山川出版社）、『江戸東京の明治維新』（岩波新書）、『講座明治維新9　明治維新と女性』（共著、有志舎）など。

宮崎ふみ子（みやざき・ふみこ）【第14講】
一九四八年生まれ。恵泉女学園大学名誉教授。東京大学大学院人文科学研究科博士課程単位取得退学。専門は日本近世史。著書『富士山と日本人』（共著、青弓社）、『日本の時代史20　開国と幕末の動乱』（共著、吉川弘文館）、『歴史における周縁と共生――女性・穢れ・衛生』（共著、思文閣出版）。

ちくま新書
1469

近世史《きんせいし》講義《こうぎ》
——女性《じょせい》の力《ちから》を問《と》いなおす

二〇二〇年一月一〇日 第一刷発行

編者 高埜利彦（たかの・としひこ）
発行者 喜入冬子
発行所 株式会社 筑摩書房
東京都台東区蔵前二-五-三 郵便番号一一一-八七五五
電話番号〇三-五六八七-二六〇一（代表）
装幀者 間村俊一
印刷・製本 三松堂印刷 株式会社

ISBN978-4-480-07282-5 C0221

ちくま新書

1406 **考古学講義** 北條芳隆編

科学的手法の進展により新発見の続く考古学。その最先端をわかりやすく伝えるとともに、通説をそのままなぞるような水準にとどまらない挑戦的な研究を紹介する。

1300 **古代史講義** ――邪馬台国から平安時代まで 佐藤信編

古代史研究の最新成果と動向を一般読者にわかりやすく伝えるべく15人の専門家の知を結集。列島史の全体像が1冊でつかめる最良の入門書。参考文献ガイドも充実。

1391 **古代史講義【戦乱篇】** 佐藤信編

日本の古代を大きく動かした15の戦い・政争を最新研究に基づき正確に叙述。通時的に歴史展開を見通すとともに、時代背景となる古代社会のあり方を明らかにする。

1378 **中世史講義** ――院政期から戦国時代まで 高橋典幸・五味文彦編

日本史の先端研究者の知を結集。政治・経済・外交・社会・文化など十五の重要ポイントを押さえるかたちで中世史を俯瞰する。最新の論点が理解できる、待望の通史。

1318 **明治史講義【テーマ篇】** 小林和幸編

信頼できる研究を積み重ねる実証史家の知を結集。20のテーマで明治史研究の論点を整理し、変革と跳躍の時代を最新の観点から描き直す。まったく新しい近代史入門。

1319 **明治史講義【人物篇】** 筒井清忠編

西郷・大久保から乃木希典まで明治史のキーパーソン22人を、気鋭の専門研究者が最新の知見をもとに徹底分析。確かな実証に基づく、信頼できる人物評伝集の決定版。

1136 **昭和史講義** ――最新研究で見る戦争への道 筒井清忠編

なぜ昭和の日本は戦争へと向かったのか。複雑きわまる戦前期を正確に理解すべく、俗説を排して信頼できる史料に依拠。第一線の歴史家たちによる最新の研究成果。

ちくま新書

1194
昭和史講義2
――専門研究者が見る戦争への道
筒井清忠編
なぜ戦前の日本は破綻への道を歩んだのか。その原因をより深く究明すべく、二十名の研究者が最新研究の成果を結集する。好評を博した昭和史講義シリーズ第二弾。

1266
昭和史講義3
――リーダーを通して見る戦争への道
筒井清忠編
昭和のリーダーたちの決断はなぜ戦争へと結びついたのか。近衛文麿、東条英機ら政治家・軍人のキーパーソン15名の生い立ちと行動を、最新研究によって跡づける。

1341
昭和史講義【軍人篇】
筒井清忠編
戦争の責任は誰にあるのか。東条英機、石原莞爾、山本五十六ら、戦争を指導した帝国陸海軍の軍人たちの実像を最新研究をもとに描きなおし、その功罪を検証する。

1421
昭和史講義【戦前文化人篇】
筒井清忠編
柳田、大拙、和辻ら近代日本の代表的知性から谷崎、乱歩、保田與重郎ら文人まで、文化人たちは昭和戦前期をいかに生きたか。最新の知見でその人物像を描き出す。

1385
平成史講義
吉見俊哉編
平成とは、戦後日本的なものが崩れ落ち、革新の試みが挫折した30年間だった。政治、経済、雇用、メディア。第一線の研究者がその隘路と活路を描く決定版通史。

948
日本近代史
坂野潤治
この国が革命に成功し、わずか数十年でめざましい近代化を実現しながら、やがて崩壊へと突き進まざるをえなかったのはなぜか。激動の八〇年を通観し、捉えなおす。

1184
昭和史
古川隆久
日本はなぜ戦争に突き進んだのか。私たちは、何を失い、何を手にしたのか。開戦から敗戦、復興、そして高度成長へと至る激動の64年間を、第一人者が一望する決定版!

ちくま新書

713
縄文の思考
小林達雄
土器や土偶のデザイン、環状列石などの記念物は、縄文人の豊かな精神世界を語って余りある。著者自身の半世紀近い実証研究にもとづく、縄文考古学の到達点。

1207
古墳の古代史
――東アジアのなかの日本
森下章司
社会変化の「渦」の中から支配者が出現した、古墳時代の中国・朝鮮・倭。一体何が起こったのか。日本と他地域の共通点と、明白な違いとは。最新考古学から考える。

1247
建築から見た日本古代史
武澤秀一
飛鳥寺、四天王寺、伊勢神宮などの古代建築群を手がかりに日本誕生に至る古代史を一望する。仏教公伝、皇祖神創造、生前退位は如何に三次元的に表現されたのか？

791
日本の深層文化
森浩一
稲と並ぶ隠れた主要穀物の「粟」。田とは異なる豊かさを提供してくれる各地の「野」。大きな魚としてのクジラ。――史料と遺跡で日本文化の豊穣な世界を探る。

859
倭人伝を読みなおす
森浩一
開けた都市、文字の使用、大陸の情勢に機敏に反応する外交。――古代史の一級資料「倭人伝」を正確に読みとき、当時の活気あふれる倭の姿を浮き彫りにする。

895
伊勢神宮の謎を解く
――アマテラスと天皇の「発明」
武澤秀一
伊勢神宮をめぐる最大の謎は、誕生にいたる壮大なプロセスにある。そこにはなぜ、二つの御神体が共存するのか？神社の起源にまで立ち返りあざやかに解き明かす。

601
法隆寺の謎を解く
武澤秀一
世界最古の木造建築物として有名な法隆寺は、創建・再建の動機を始め多くの謎に包まれている。その構造から古代史を読みとく、空間の出来事による「日本」発見。

ちくま新書

1418 日本人はなぜ「頼む」のか　――結びあいの日本史　白川部達夫

『万葉集』『源氏物語』から「頼み証文」まで、史料に表れる「タノム」という言葉の変遷を読み、日本人の社会的結合を描く、まったく新しい社会心性史の試み。

1290 流罪の日本史　渡邊大門

地位も名誉も財産も剝奪された罪人は、縁もゆかりもない遠隔地でどのように生き延びたのか。彼らの罪とは。事件の背後にあった、闘争と策謀の壮絶なドラマとは。

1369 武士の起源を解きあかす　――混血する古代、創発される中世　桃崎有一郎

武士はどこでどうやって誕生したのか。日本を長期間統治した彼らのはじまりは「諸説ある」として不明とされていた。古代と中世をまたぎ、日本史最大級の謎に挑む。

734 寺社勢力の中世　――無縁・有縁・移民　伊藤正敏

最先端の技術、軍事力、経済力を持ちながら、同時に、国家の論理、有縁の絆を断ち切る中世の「無縁」所。第一次史料を駆使し、中世日本を生々しく再現する。

618 百姓から見た戦国大名　黒田基樹

生存のために武器を持つ百姓。領内の安定に配慮する大名。乱世に生きた武将と庶民のパワーバランスとは――。戦国時代の権力構造と社会システムをとらえなおす。

1093 織田信長　神田千里

信長は「革命児」だったのか？　近世へ向けて価値観が大転換した戦国時代、伝統的権威と協調し諸大名や世間の評判にも敏感だった武将の像を、史実から描き出す。

1426 明智光秀と本能寺の変　渡邊大門

下克上の時代。なぜ明智光秀は織田信長を殺したのか。私怨だったのか、朝廷か足利義昭か、徳川家康の陰謀だったか……戦国ミステリーを明智の人生で読み解く。

1034
大坂の非人
――乞食・四天王寺・転びキリシタン
塚田孝
「非人」の実態は、江戸時代の身分制だけでは捉えられない。町奉行所の御用を担っていたことなど意外な事実を明らかにし、近世身分制の常識を問い直す一冊。

1294
大坂　民衆の近世史
――老いと病・生業・下層社会
塚田孝
江戸時代に大坂の庶民に与えられた「褒賞」の記録を読みとくと、今は忘れられた市井の人々のドラマが見えてくる。大坂の町と庶民の暮らしがよくわかる一冊。

1359
大坂城全史
――歴史と構造の謎を解く
中村博司
豊臣秀吉、徳川家康・秀忠など、長きにわたり権力者たちの興亡の舞台となった大坂城を、最新の研究成果に基づき読み解く、通説を刷新する決定版通史！

1210
日本震災史
――復旧から復興への歩み
北原糸子
度重なる震災は日本社会をいかに作り替えてきたのか。有史以来、明治までの震災の復旧・復興の事例に焦点を当て、史料からこの国の災害対策の歩みを明らかにする。

1309
勘定奉行の江戸時代
藤田覚
家格によらず能力と実績でトップに立てた勘定所。財政を支える奉行のアイデアとは。年貢増徴策、新財源探し、禁断の貨幣改鋳、財政積極派と緊縮派の対立……。

1198
天文学者たちの江戸時代
――暦・宇宙観の大転換
嘉数次人
日本独自の暦を初めて作った渋川春海を嚆矢とする「江戸の天文学者」たち。先行する海外の知と格闘し、暦・宇宙の研究に情熱を燃やした彼らの思索をたどる。

1219
江戸の都市力
――地形と経済で読みとく
鈴木浩三
天下普請、参勤交代、水運網整備、地理的利点、統治システム、所得の再分配……地形と経済の観点を中心として、未曾有の大都市に発展した江戸の秘密を探る！

ちくま新書

692 江戸の教育力 高橋敏
江戸の教育は社会に出て困らないための、「一人前」になるための教育だった！ 文字教育と非文字教育が一体化した寺子屋教育の実像を第一人者が掘り起こす。

1144 地図から読む江戸時代 上杉和央
空間をどう認識するかは時代によって異なる。その違いを象徴するのが「地図」だ。古地図を読み解き、日本の形を作った時代精神を探る歴史地理学の書。図版資料満載。

1244 江戸東京の聖地を歩く 岡本亮輔
歴史と文化が物語を積み重ね、聖地を次々に生み出してきた江戸東京。神社仏閣から慰霊碑、墓、塔、スカイツリーまで、気鋭の宗教学者が聖地を自在に訪ね歩く。

1096 幕末史 佐々木克
日本が大きく揺らいだ激動の幕末。そのとき何が起き、何が変わったのか。黒船来航から明治維新まで、日本の生まれ変わる軌跡をダイナミックに一望する決定版。

650 未完の明治維新 坂野潤治
明治維新は〈富国・強兵・立憲主義・議会論〉の四つの目標が交錯した「武士の革命」だった。それは、どう実現されたのだろうか。史料で読みとく明治維新の新たな実像。

1379 都市空間の明治維新 ——江戸から東京への大転換 松山恵
江戸が東京になったとき、どのような変化が起こったのか？ 皇居改造、煉瓦街計画、武家地の転用など空間の変容を考察し、その町に暮らした人々の痕跡をたどる。

1452 千家尊福と出雲信仰 岡本雅享
幕末に生まれ、出雲大社の国造として生き神様と呼ばれた千家尊福（せんげたかとみ）。埼玉・静岡県知事、東京府知事も務め声望を集めた、希代の偉人の生涯を辿る。

ちくま新書

933
後藤新平
――大震災と帝都復興
越澤明
東日本大震災後の今こそ、関東大震災からの復興を指揮した後藤新平に学ばねばならない。都市計画研究の第一人者が、偉大な政治家のリーダーシップの実像に迫る。

1101
吉田松陰
――「日本」を発見した思想家
桐原健真
2015年大河ドラマに登場する吉田松陰。維新の精神的支柱でありながら、これまで紹介されてこなかった思想家としての側面に初めて迫る、画期的入門書。

1293
西郷隆盛
――手紙で読むその実像
川道麟太郎
西郷の手紙を丹念に読み解くと、多くの歴史家がその人物像を誤って描いてきたことがわかる。徹底した考証に基づき生涯を再構成する、既成の西郷論への挑戦の書。

1357
帝国化する日本
――明治の教育スキャンダル
長山靖生
明治初頭の合理主義はどこで精神主義に転換し、妄想的な愛国主義へ転化したのか。哲学館事件などの教育スキャンダルから、帝国神話形成のメカニズムを解明する。

1161
皇室一五〇年史
浅見雅男
岩井克己
歴代天皇を悩ませていたのは何だったのか。皇位継承、宮家消滅、結婚トラブル、財政問題――様々な確執やスキャンダルを交え、近現代の皇室の真の姿を描き出す。

1224
皇族と天皇
浅見雅男
日本の歴史の中でも特異な存在だった明治以降の皇族。彼らはいかなる事件を引き起こし、天皇を悩ませてきたか。近現代の皇族と天皇の歩みを解明する通史決定版。

957
宮中からみる日本近代史
茶谷誠一
戦前の「宮中」は国家の運営について大きな力を持っていた。各国家機関の思惑から織りなされる政策決定を見直し、大日本帝国のシステムと軌跡を明快に示す。

1257
武士道の精神史
笠谷和比古

侍としての勇猛な行動を規定した「武士道」だが、徳川時代に内面的な倫理観へと変容し、一般庶民の生活にまで広く影響を及ぼした。その豊かな実態の歴史に迫る。

1280
兵学思想入門
――禁じられた知の封印を解く
拳骨拓史

明治維新の原動力となった日本の兵学思想。その独自の国家観・戦争観はいつ生まれ、いかに発展し、なぜ封印されるに至ったのか。秘められた知の全貌を解き明かす。

983
昭和戦前期の政党政治
――二大政党制はなぜ挫折したのか
筒井清忠

政友会・民政党の二大政党制はなぜ自壊したのか。軍部台頭の真の原因を探りつつ、大衆政治・劇場型政治が誕生した戦前期に、現代二大政党制の混迷の原型を探る。

457
昭和史の決定的瞬間
坂野潤治

日中戦争は軍国主義の後ではなく、改革の途中で始まった。生活改善の要求は、なぜ反戦の意思と結びつかなかったのか。日本の運命を変えた二年間の真相を追う。

1002
理想だらけの戦時下日本
井上寿一

格差・右傾化・政治不信……戦時下の社会は現代に重なる。その時、日本人は何を考え、何を望んでいたのか？体制側と国民側、両面織り交ぜながら真実を描く。

1036
地図で読み解く日本の戦争
竹内正浩

地理情報は権力者が独占してきた。地図によって世界観が培われ、その精度が戦争の勝敗を分ける。歴史の転換点を地図に探り、血塗られたエピソードを発掘する！

1271
天皇の戦争宝庫
――知られざる皇居の靖国「御府」
井上亮

御府と呼ばれた五つの施設は「皇居の靖国」といえる。しかし、戦後その存在は封印されてしまった。皇居に残された最後の禁忌を描き出す歴史ルポルタージュ。

ちくま新書

1132 **大東亜戦争　敗北の本質**　杉之尾宜生

なぜ日本は戦争に敗れたのか。情報・対情報・兵站の軽視、戦略や科学的思考の欠如、組織の制度疲労――多くの敗因を検討し、その奥に潜む失敗の本質を暴き出す。

1457 **「失敗の本質」と戦略思想**
――孫子・クラウゼヴィッツで読み解く日本軍の敗因　西田陽一　杉之尾宜生

名著『失敗の本質』に採り上げられた例も含め、日本陸海軍の戦いを『孫子』とクラウゼヴィッツ『戦争論』により再検討。日本人に欠ける戦略思考の活性化を図る。

1127 **軍国日本と『孫子』**　湯浅邦弘

日本の軍国化が進む中、精神的実践的支柱として利用された『孫子』。なぜ日本は下策とされる長期消耗戦を辿り、敗戦に至ったか？　中国古典に秘められた近代史！

1365 **東京裁判「神話」の解体**
――パル、レーリンク、ウェブ三判事の相克　D・コーエン　戸谷由麻

東京裁判は「勝者の裁き」であり、欺瞞に満ちた判決だったというのは神話に過ぎない。パル判事らの反対意見の誤謬と、判決の正当性を七十年の時を超えて検証する。

1196 **戦後史の決定的瞬間**
――写真家が見た激動の時代　藤原聡

時代が動く瞬間をとらえた一枚。その写真は希少な記録となり、背景を語った言葉は歴史の証言となった。日本を代表する写真家14人の131作品で振り返る戦後史。

1383 **歴史としての東大闘争**
――ぼくたちが闘ったわけ　富田武

安田講堂事件から五十年。東大闘争とは何だったのか。当事者として、また歴史家として学生運動の過程と社会的・歴史的背景を検証。闘争の思想的意味を問い直す。

1306 **やりなおし高校日本史**　野澤道生

「1192つくろう鎌倉幕府」はもう使えない！　新たな解釈により昔習った日本史は変化を遂げているのだ。ヤマト政権の時代から大正・昭和まで一気に学びなおす。